语文路上静待花开

高淑萍　主编

中原出版传媒集团
中原传媒股份公司

大象出版社
·郑州·

图书在版编目(CIP)数据

语文路上静待花开 / 高淑萍主编.— 郑州 : 大象出版社, 2018. 12
ISBN 978-7-5711-0003-2

Ⅰ. ①语… Ⅱ. ①高… Ⅲ. ①小学语文课—教学研究—文集 Ⅳ. ①G623. 202-53

中国版本图书馆 CIP 数据核字(2018)第 272374 号

语文路上静待花开

YÜWEN LU SHANG JINGDAI HUA KAI

高淑萍 主编

出 版 人 王刘纯
责任编辑 孙 波
责任校对 万冬辉 张英方
封面设计 王晶晶

出版发行 大象出版社(郑州市开元路 16 号 邮政编码 450044)
发行科 0371-63863551 总编室 0371-65597936
网 址 www.daxiang.cn
印 刷 河南龙华印务有限公司
经 销 各地新华书店经销
开 本 787mm×1092mm 1/16
印 张 13.25
字 数 191 千字
版 次 2018 年 12 月第 1 版 2018 年 12 月第 1 次印刷
定 价 32.00 元

印厂地址 河南省获嘉县亢村镇纬七路 4 号
邮政编码 453822 电话 0373-6308296

编 委 会

主　编　高淑萍

编　委　张　莉　谢伟伟　毛秋风　赵利霞

乔峰玲　王　珣　王雅琪　崔显元

赵艳琴　王　娜　贾盈盈

一路繁花盛开(代序)

每周四下午,我常常被一种幸福包围着,这种幸福来自一间小小的工作室。"高淑萍小学语文名师工作室"这个以我名字命名的工作室成立于2011年11月,是郑州市首批成立的50个名师工作室之一。我感到无限的荣耀,同时也深感肩上的责任,我要以更高的专业素养引领、辐射、带动身边的青年教师成长。

团队从开始组建就有一个核心价值观:没有完美的个人,只有完美的团队。大家共同制定了团队公约:如果你要走得快,你就一个人走;如果你要走得远,那么大家一起走。团队发展,我的责任;团队目标,努力实现;团队活力,来自进取;团队生活,温馨和谐。

回忆起和工作室的姐妹们共同经历过的点点滴滴,一群热爱语文教学的志同道合的人每周四下午有个美好的约会,这个下午我们总是觉得时间短暂,总是有那么多新奇的想法产生,总是从对方身上看到执着进取的精神,总是不断反思自己的教育教学。一路走来,我们收获了成长,收获了友谊。

每月的第一个周四下午,是工作室读书聚会的时间。"问渠那得清如许,为有源头活水来。"改变,从阅读开始。每次大家轮流主持,谈心得,说体会。时间总是悄然流逝于谈笑间,大家却充实快乐无比。回到自己的课堂,团队成员更是不遗余力地推广阅读。几年来,坚持不断的读书、分享与交流,从根本上给每位成员带来了改变,这是成长的第一步。

“享受语文,享受阅读”是工作室的核心文化。腹有诗书气自华,最是书香能致远,作为一名语文老师,我们自己要做个爱读书的人,更应引导孩子们走进书的海洋。“总得有人去擦亮星星,它们看起来灰蒙蒙”,我们愿做“擦星族”,推动儿童阅读事业。几年来,工作室所有成员全身心地投入儿童阅读推广的事业中。每年的“世界读书日”,工作室会做公益讲座;每周的阅读课,我们会给学生分享优秀的绘本读物;每天的晨读,我们会引领学生诵读经典。让所有的孩子从小爱上阅读是我们的梦想。

“纸上得来终觉浅,绝知此事要躬行。”真正的名师源自于课堂、根植于课堂。工作室最重要的活动形式是关注课堂,每月的第二和第四个星期四下午是备课、上课、磨课的时间。

工作室成立之初,对每位成员都进行了诊断性听评课。通过课堂发现每位老师的优势在哪里,问题有哪些。一轮下来,每位老师对自己有了重新的定位,知道了自己的发展方向。

“你有一个苹果,我有一个苹果,交换后每人还是一个苹果;你有一种思想,我有一种思想,交换后每人有两种思想。”“同课异构,辩课争鸣”是工作室主要的教研方式。谢伟伟与乔峰玲老师执教的《我是什么》教学案例,让我们争辩识字教学与阅读教学的融会贯通;毛秋风与赵利霞老师的文言文教学,让我们领略古文化的精深。通过“同课异构,辩课争鸣”活动,工作室成员碰撞出智慧的火花,长善救失,取长补短,明显提高了各自的教育教学水平。“同课异构,辩课争鸣”活动让我们学会了在教学中研究,在研究中教学,从而将教学与研究融为一体,让我们的目光超越具体的课文,关注到方法和理念的层次。

由于工作室成员比较分散,集中活动频繁的话会影响正常的教学秩序,因此,每月的第三个周四下午三点,是工作室的“在线”时间。在这个时间里,我们集体上线,利用网络,互相请教教学问题,交流听课心得。2013 年在郑州市教育局的指导下又成立了名师网络工作室,给我们提供了更广阔的展示成果和研修交流的平台。

工作室研修不仅仅发生在内部,我们需要更广阔的视野。每年工作室成员都会走出去，增长见识：赴北京参加新课标解读研修班，让每个成员心中有标准，上明白课；在美丽的西子湖畔领略“千课万人”众多名师大家的风采；参加上海校本课程博览会，打开构建校本课程文化的思路；在花城昆明与童书约会，学会做一个会讲故事的人；在苏州大学领略江南文人雅士的文化底蕴；等等。经历一次又一次培训，正如追寻一条清澈流淌的小溪，在工作室的带动下，我们不断地向前，品尝了溪水的甘甜，收获了沿途的美丽风景。不知不觉间，渐近溪水源头，有山可仰望，有谷可俯瞰。

工作室在一步步成长，不断总结研究成果，并与外界进行交流，先后送课到登封宣化岳窑小学、郑州扶轮外国语小学以及信阳潢川、平顶山、许昌襄城等地。每一次活动，带给师生的不仅仅是一节课，更多的是打开老师的思路，把一些先进的理念和教学模式与大家分享。

更让我由衷欣喜的是工作室研修成员的成长：毛秋风、赵利霞、谢伟伟、张莉成为区域名师，乔峰玲获郑州教育博客金奖，贾盈盈、王珣、王娜、王雅琪等人的多节优质课获省、市级奖，赵艳琴、崔显元成为区教学骨干。

走过四季，才知道春的温暖夏的炎热；经历磨炼，才读懂花的芬芳果的香甜。七年时间，每周四的相约，内心的改变已经超越了时光。小小的工作室，打开我们心中一扇大大的窗。行走在语文教学的路上，一路践行，一路收获，一路繁花盛开。

几年来，工作室成员扎实教研，勤于反思，每个人都在研修中收获良多，这本成果集就是最好的证明。这里面有读书感悟，有课堂教学，有教育思考……这些文字记录着成长，记录着蜕变。真心希望我们的文字能帮助一线语文教师对语文教学有新的思考。本书是集体智慧的结晶，在统稿过程中难免有疏漏偏颇之处，敬请批评指正！

高淑萍

2018年11月

目录

静悟花语：教育理想

静品花味：教学反思

静听花开：课堂教学

静忆花事：教育故事

静赏花姿：读书研修

静闻花香：教学成果

静悟花语：教育理想

做造梦、护梦、圆梦的使者

◎ 高淑萍

人们常说:"教师是人类灵魂的工程师。"我非常赞同这句话。有梦想,心灵才会飞翔。生命与激情同在,岁月与青春同行。多年的教学生涯,最初的教育梦想从未改变:我要做一名造梦、护梦、圆梦的使者,在学生幼小的心灵里播撒梦的种子,让学生带着梦想越飞越高。

梦之源——海纳百川

谦逊好学,有容乃大。学生闪烁的智慧、同行钻研的激情、前辈敬业的严谨,都是通向梦想的源泉。无论是过去还是现在乃至将来,谁走在前面,谁就是我的老师。教师要博学多才。国家特级教师贾志敏曾说过:教师应该是个杂家,即"半个书法家""半个演说家""半个作家""半个编辑""半个播音员""半个演员""半个幽默大师"……如果真能做到上述要求的话,那么教师应该是"教育专门家"了。一个想成为大家的教师,一个想成为教育家的教师,必须从最基本的做起,扎扎实实多读一些书。在新课改的氛围中,我终身学习的理念得到了深化,力求使自己由"桶水"变成"活水"或"涌泉"。教育家陶行知说:"好学是传染的,一人好学,可以染起许多人好学。就地位论,好学的教师最为重要。想有好学的学生,须有好学的先生。"几年来,我每天都坚持阅读1小时左右,或读文学艺术,或读教育专著,或读医学保健,等等。业余时间我还通过自学拿到了汉语言文学专业的专科和本科文凭。学习使我的生活更加充实,读书使我更加有底气、更加自信,正所谓“腹有诗书气自华”。读书,使精神高贵而丰富,亦使生命深刻而阔远;读书,让我们在有限的从教时间内,实现自身价值的最大化。

梦之翅——内省致远

内省言行、反思超越,是教师专业素养获得提升的内在保证。教师在言语和行动中思考,在反思和批判中成长。

想成为名师,必须学会独立思考,做到学、问、思、辨、行五者相结合。在刚踏上教学岗位时,我很想把课上好,可又不知如何上,于是经常看一些教学杂志,发现好的教学设计、教学方法,就把它记下来,模仿着去上。慢慢地,我也能设计教学了,领导听过我几次课,评价还不错。我仿佛领悟了教学的“真谛”:要上好语文课,一是要有扎实的功底,二是要有精彩的设计,三是要有真挚的情感。但随着研究的深入,随着新课改的到来,我越来越觉得自己的课堂教学有些走形式,缺乏实效性。经过一番痛苦思索,我发现原来我追求的是教师自己所谓的教学艺术,却忽略了对学生学习主体的研究。学生心中究竟有什么疑问我不去问,却把精力用在如何设计高明的问题上;学生的学习兴趣如何激发我不去研究,却去琢磨如何形成“先声夺人”的效果;学生的学习方法我不去考虑,却热衷于所谓的巧妙教法……看来我是走入了只研究教师、只研究教材,而忽视了学生主体的误区。我不断地反思,不断地探索。

2003 年我从一年级实验班带起,一直把学生带到六年级,也伴随新课改一起走过了六年的历程。在这六年中,我越来越觉得作为语文教师不应该只是教语文,而是要以自己的思想点燃学生的思想,以自己的语言素养提升学生的语言层次,因为教学是一个互动的、潜移默化的过程。在教学实践中我发现,学习一篇文章时首先吸引学生的是文字中的精神滋养,而不是那些语言表达形式,所以语文教学应从内容着手,以内容带动对表达形式的领悟,引领学生在情感和文字里走个来回，而最终落脚在情感的深化和思想的升华上。

我逐渐找到了适合自己的教学方法，其基本框架是：话题切入—探究文本—挖掘创新—链接生活—升华自我。我上课追求的不再是“生动”，而是努力让学生“心动”，唤起那种内在的、心灵深处的涌动，甚至是心灵的震撼。让学生心中充满美好的向往，对语文充满无尽的热爱。记得斯霞老师说过，教学是最富创造性的劳动，适合自己学生的好的教学方法只有靠“自力更生”才能获得。所以想飞得更高，必须在借鉴别人经验的基础上，学会独立思考，实实在在地搞些实验，找到一条适合自己的教学之路。

梦之巅——形成风格

做一名教师，是我今生的幸福；做一名名副其实的名教师，是我一生的追求。每一位名师都有其独特的教学风格，如王崧舟老师的儒雅诗意、于永正老师的机智幽默、窦桂梅老师的深邃激情、薛法根老师的质朴灵气、闫学老师的母性温润……名师们自成一格的教学艺术，令孩子们陶醉，令听课老师们倾倒。他们个个都是我心目中的偶像，我何时也能成为独具一格的教师呢？

教学作为一门艺术，它和所有的艺术一样，需要用心、用情去雕琢每一个细节，展现一种独特的生命智慧。但是教学艺术和歌舞、绘画、文学创作等艺术又有本质的区别，这些艺术形式讲究的是个性的极度张扬，而教学艺术追求的是一种“配角”的艺术。真正的教学艺术不在于教师燃烧了多少才情，而在于其点燃了多少生命的火把。教学艺术有三种境界：第一种境界，教师在教学中自己的光芒盖过了学生，课堂成了教师表演的天地，学生在教师的超强表演力的吸引下跟着动起来；第二种境界，教师和学生一起动，教师用激情激发学生敞开心灵世界；第三种境界，让学生动起来，教师却不留下过多自我的痕迹，课堂行云流水都是学生的云与水，而不是教师自身的表演。教学无痕是教育的至高境界，我与之有很大的差距，但心中有梦，就会向梦想的地方飞去。

教师的生涯中没有香车宝马，没有歌舞闲暇，可是我愿做教育这片净土上的一朵小花。当面对那一双双清澈的眼睛时,我就会产生一种发自内心的激情;当面对那一张张真诚的笑脸时,我就会觉得自己更加年轻与轻盈。用智慧去启迪心智,成就孩子的梦想,做造梦、护梦、圆梦的使者,是我人生的一大乐事,我将乐此不疲,永不停歇。

师德，施爱！

◎王　珣

现代教育家夏丏尊说："教育没有了情爱，就成了无水的池。任你四方形也罢，圆形也罢，总逃不了一个空虚。"我常常问自己：我应该怎样去爱学生，才能使学生感受到这种爱，从而产生前进的动力呢？

爱是人的一种基本需要，更何况身心尚未成熟的学生，他们需要温暖、关怀、尊重、信任和理解——需要爱。爱是学生的一种心理寄托，是一种内心渴望，一旦满足学生这种心理需求，就可以启迪学生的心灵，唤醒学生的理智，增强师生之间的了解，增进师生之间的友谊，使师生之间的情感产生共鸣；学生就会从内心深处对教师产生亲近感和依恋感，就会把对教师的爱迁移到对教师的尊重和接受教师的教育上。"亲其师，信其道"，爱生之师受人爱，爱是一种心与心的交换。

爱岗敬业，教书育人，为人师表，诲人不倦，有教无类……这些都是师德。在我看来，师德就是"师爱"，"师爱"就是"施爱"。教师面对的不是冷冰冰的产品，而是一个个有着鲜活生命、正在茁壮成长的孩子。大作家高尔基说过："谁爱孩子，孩子就爱谁。只有爱孩子的人，他才可以教育孩子。"可见，爱是通往教育成功的桥梁，也是一条基本准则。

那么，教师怎样才能很好地对学生施爱呢？其一，要准确定位，要把学生当作自己的孩子一样去教育、去培养、去爱抚。这是施爱的前提，也是教育成功的前提。其二，要有魅力，要通过展现自身的魅力，让学生发自内心地喜欢你,乐意接近你。这是施爱的基础。教师是学生瞩目的焦点和榜样,必须努力学习,提高自我修养,成为学生心中的偶像和楷模。要重视修品性、练真功,以自己的人格魅力、学术魅力和工作魅力感召和吸引学生,起到良好的示范作用。其三,要尊重学生,这是施爱的关键。要尊重学生的人格,尊重学生的感情,有礼貌地对待学生。严厉的责备和不适当的批评都会招致教育的失败,甚至导致师生的对立,因为学生的自尊心强,对他们最好的教育方法是避开严厉的直接批评,尽量和风细雨,说服教育。其四,要充分了解学生,因材施教。这是施爱的具体方法。教师对学生的情况要深入了解,对学生的心理变化要细致观察,只有这样,才能更准确地接触到学生情感的"点子"。这种接触点就好像是"心窍",是个突破口,它往往是教师传授爱的门路。教师用心从多方面了解自己的学生,然后适时地进行鼓励,这可能改变学生的一生。"投之以桃,报之以李",相信学生、理解学生、尊重学生,微笑着面对学生,学生也会把全部的爱心和敬意奉献给我们,我们的工作也一定会开展得生动活泼,卓有成效。

爱,是启动教师自身内部力量和智慧的能源;爱,是通向学生心灵深处的道路;爱,是创设优化的教育环境和心理环境的保障。只有热爱学生、理解学生、尊重学生,关注学生丰富的内心世界,教师才能走进学生的心灵深处。

相信岁月　相信种子

◎ 毛秋风

我不相信，
没有种子，
植物也能发芽，
我心中有对种子的信仰。
让我相信你有一颗种子，
我等待着奇迹。

——亨利·梭罗《种子的信仰》

偶然间看到这样一段话，我不禁问自己：我准备在学生这块土壤上，播种什么种子呢？

一直以来，我有一个梦想，梦想在一间窗明几净的教室，我和学生一起写写字，读读书，墨韵书香。

在日复一日的教学中，我疲于应付各级的检查，忙着补各种各样的资料，参加各种活动，学生不断重复着机械的抄写和无尽的练习题……夜深人静时我总是想：这就是我要的语文教学吗？我年复一年地在学生心田播下什么样的种子？我的职业生命存在的意义又是什么？

我被自己的问题吓住了！

我开始看《朗读手册》之类的书，关注并参与“亲近母语”“教育在线”论坛等的讨论活动，关注朱永新、梅子涵、薛瑞萍、韩兴娥……

我开始重新思考，让自己慢一些，再慢一些，决定不再跟风，不再想考试，而追求自己的梦想，思考自己的语文之路。

“立足孩子一辈子的发展来教语文。”

“一时胜负在做题，十年胜负在读书。”

“改变自己，孩子自然就会教育好。”

“有一个孩子每天向前走去，他看见最初的东西，他就变成那东西，那东西就变成了他的一部分，在那一天，或者那一天的一部分，或者几年，或者连绵很多年。”

…………

这一句句富含哲理的话让我明白，教育应该是一个缓慢而优雅的过程，我们做老师的只需要在孩子的心中种下一粒种子，留住那些最初的简单与纯粹、阳光与雨露，然后把它交给时间，静候每一个生命自然而美好地成长。这，或许才是教育的真正意义。

对孩子来说，没有什么比故事更让他们产生亲切感，没有什么比故事有更好的教育效果，也没有什么比故事更能走进他们的心。这样，我们就从《夏洛的网》开始，然后是《我和小姐姐克拉拉》《一百条裙子》《笨狼的故事》……

故事有光，它会照亮孩子的语文之路。

于是，我踏上了课外阅读之路，为学生播下广泛阅读的种子。我的长项是写字，读书之余把教学生练字也提上日程。离梦想又近了一步。

只要行动，就有收获；只要坚持，就有奇迹。

让每一个与我相遇的孩子，因我而幸福，这是我的追求。

相信岁月，相信种子。

坚守也是一种美丽

◎ 张　莉

我在小学语文的教学岗位上已走过十九载，春华秋实，也曾新奇，也曾欣喜，也曾无助，也曾彷徨，也曾失落，也曾倦怠，可始终不曾放弃。一直以为这是种不舍的情愫，听了蔡明教授的讲座后，我才豁然开朗，原来这是坚守，一种美丽的坚守。

“管城子无食肉相，孔方兄有绝交书”，此话虽为戏谑，但较为真实地写出了教师这个职业的现状。在当今，物质、金钱等太多的诱惑充斥在我们身边，而选择了教师这个职业，就意味着两袖清风、一生清贫。可是依然有这样一群人在坚守，在三尺讲台上耕耘，在校园这方净土上实现着他们的人生价值。蔡明教授说：“源于对教育的热爱、源于对社会的责任、源于对现实的正视、源于对未来的憧憬，所以坚守执着，努力追求！”其实我想：也许我们并没有那么伟大，但是我们依然执着，在教师的岗位上，我们已经习惯把它当作我们的生活。这种朴实的坚守是何其美丽！

“语文无用论”“语文学得好与坏和语文老师关系不大”……这些言论一度使我们语文教师那样的愤怒与彷徨。也许在许多人眼中，语文这门学科不像数理化等学科有专业技能知识，所以，语文教师也就是最没有专业技能的老师。面对这种现象，我们大多数语文教师都在用实际行动来证明自己的态度——坚守语文课堂，坚守语文教学。蔡明教授曾说，教是为了达到不需要教，不需要教的表象是教的作用不大，但是，为了达到不需要教则要教，于是，教的作用大。蔡明教授的话让我们释然。这种近乎执拗的坚守是何其美丽！

在教学改革的大潮中谁主沉浮？面对教学改革的大潮，各种新的教学理念不断涌现，各式各样的教学方法如同一个个行囊背负在身上，在经历了一段时间“负重”行进的语文教学后，我们语文教师终于清醒地认识到：语文课堂要上出“语文”的味道来，在各种新的教学理念的支撑下，可持续地发展学生的语文能力才是正道。这种清醒的坚守是何其美丽！

当蔡明教授用铿锵有力的声音朗诵《相信未来》时，我被深深地感动了。坚守是一种信念，更是一种行动，在未来的教育道路上，我一定会美丽地坚守，坚守得美丽！

执着的追求　无悔的选择

◎ 赵艳琴

小时候，当她第一次看到老师在讲台上无尽地播撒着知识的种子时，她心中就萌生了一个愿望——将来自己也要做一名教师。之后数年，这种愿望不断增强。长大后，她考到了一所师范院校，毕业后如愿以偿地成为一名教师。这个人就是我。教学使我懂得了许多，也改变了许多。我看见教师们像辛勤的农夫，在校园这块土地上精心耕作、无私奉献着。

本着对教育事业的追求和执着，怀着满腔的热情，两年来我时刻提醒自己要勤奋工作，踏实做人。而作为一名教师，师德则是灵魂最高境界的体现。有位名人说过，教师的高尚不在于他培养了多少科学家、艺术家，而在于他的细微之处，以高尚的师德影响人、培育人。

一、热爱学生，是师德的核心

用自己的爱去浸润学生的心灵，是一个教师师德高尚的体现。苏联教育家赞科夫认为，当教师必不可少的，甚至几乎是最主要的品质就是热爱学生。教师要拥有一颗大爱之心，不是只爱个别学生，而是要爱每一位学生，尤其是班级中那些家庭有困难、学习有困难及单亲家庭的孩子，他们更需要关注，更需要用爱去滋润他们幼小的心灵。

每个孩子都是与众不同的，每个人身上都有自己的长处和不足。我们班就有一位在学习方面令我头痛的小男孩,他上课注意力特别不集中,作业写得不成样,考试只得几十分。每天放学以后,其他学生都走了,而教室里却灯火明亮,传出的是我一遍一遍的细心讲解。有的老师说:像这样的学生,你整天给他开小灶,结果考试还是那样差,还不如放弃他。我听后,心里像打翻了五味瓶。我想了又想,每当看到他那张天真无邪的面孔,再看看每天放学后来接他的父母,我真是不忍心。如果放弃了他,就觉得愧对教师的职责,愧对学生家长,愧对这样一个幼小的心灵。于是来到弓庄小学的两年,我依旧这样坚持着。不管结果如何,我只想把这个过程做得完美一些,他能多学一点儿就多学一点儿。虽然考试中他没有考出令人惊喜的成绩,但在教师节看到他的父母送来的那束鲜花,我已经感到很欣慰了。作为一个老师,我深知家长的支持和理解就是对我工作的最大肯定和支持。

2009 年暑假过后,我们班有一个女孩儿一直没有来报到,我的心里满是不安,听家长说她生病住院了。后来我一直打电话向家长了解孩子的病情,每天早上都会向班上其他学生打听她的情况。两周过去了,我实在是等不下去了,准备到医院去看她,谁知那天下午她正好出院,恰巧那天又是中秋节,于是我买了些东西直接去了她家,当学生和家长看到我的那一刻,他们既吃惊又满心欢喜,更多的是激动。同时当我看到自己的学生又恢复往日的笑容时,我的心里也充满了欢乐,那一刻也许是老师和家长心灵的碰撞,我想,今后教育的纽带会把彼此的心拉得更近。

二、尊重家长,是师德修养的重要体现

在教育过程中,教师起着重要作用,但与此同时,父母的作用也是不可低估的。父母是儿童成长道路上的第一位教师,他们的一言一行对孩子的成长具有举足轻重、不可替代的作用。苏联教育家苏霍姆林斯基认为:“学校与家庭是两个并肩工作的雕塑家,有着相同的理想观念,并朝着一个方向行动。在创造人的工作上,两个雕塑家没有相对对立的立场是极其重要的。”

作为教师,我们是不能低估家长的能力的。家长是一支蕴藏着巨大教育潜力的队伍,他们中间很多人的素质并不低于教师,教师只有放下架子,经常虚心地听取家长的意见建议,才能调动家长参与学校教育教学的积极性,从而不断改进自己的工作。在平时工作中,不管是哪位家长来到学校,我都会面带笑容地和他们交流;即使在校外遇到家长,我也会主动和他们打招呼,和他们沟通交流孩子在学校的情况。只有尊重家长,引导家长了解、参与、监督学校的教育工作,才能充分发挥家长的监督教育作用,使学校教育和家庭教育有机地结合起来。

三、乐教勤业,是师德规范的最高境界

作为一名小学教师,对工作中的酸甜苦辣深有体会:当夜幕降临时,我们还在教室给某个学生讲解习题;当繁星满天万家灯火时,我们仍在办公室里备课、批改作业。

为了把知识更好地教给学生,对每一节课我都不含糊。课前认真备课,钻研教材,力图把知识更有效地教给学生。今天的我倍加珍惜自己的岗位,一些在别人眼里看似单调枯燥的琐碎工作,在我眼中却颇有趣味。回首这些年来的日日夜夜,摸爬滚打中我渐渐熟悉了教师这个行业,默默耕耘中也渐渐有了一些收获。教师,这个神圣的称呼,如磁石吸引我游离的目光。有时为了讲好一节公开课,我会翻阅大量的资料,并向老教师讨教。夜深了,我还在一遍遍地修改着教案。这些年来,对待工作中的任何事情我都会尽全力去完成,我感觉自己在不断前进,在不断成长。这不禁让我想起了培根说的一句话:我们不应该像蚂蚁单是收集,不应该像蜘蛛只从肚里抽丝,我们应该像蜜蜂,既采集又整理,这样才能酿出香甜的蜂蜜。还是魏书生说得好,把自己平凡的工作当作宏伟的世界去研究,你就会发现无穷的乐趣。

四、无悔的付出,欣慰的收获

参加工作以来,每天早上我都会七点从家出发,街上的人看到我远去的身

影,更多的是不解,有的还会问我:怎么去这么早? 我只是微微一笑,说:学生小,需要忙的事太多。下午放学总是天黑了才想起该回家了。记得有一次因为去开会,回家早了一些,家人却觉得奇怪了,问:今天怎么回来得这么早? 我一看,哦,天还没黑。

当孩子们硬要把糖塞进我的嘴里,说:“老师吃了它吧! 吃了你的嗓子就会好了!”在那一刻我感受到了二十多颗幼小的心灵对我的抚慰,感受到了他们对我的理解和支持,作为一名教师我心满意足了! 两年来,我不断地把自己在教学中的感受及有限的经验撰写成论文,并获得了荣誉,还有幸被评为优秀教师。

由于平时的付出,不管是中秋节还是教师节或是其他节日,一些家长就会发来祝福的短信,看后我的心里真的感觉很甜。每当教师节来临,就会有学生捧着鲜花,带着甜甜的微笑送给我。

功夫不负有心人,一分耕耘一分收获。我通过不断努力,积极参加上级组织的各项活动和比赛,由于表现突出,连续三年获区级优秀班主任称号,被评为区优秀课堂达标优秀教师,所撰写的论文先后获省、市级奖。我辅导的学生参加科技创新活动,并取得优异成绩,我也获得了市级辅导奖。在区组织的“阳光教育杯”作文比赛中,我所辅导的学生获一等奖。我执教的数学优质课《认识角》《确定位置》等先后获市级或区级奖。

在教师这个行业中,我每天只是在做一些琐琐碎碎的事情,没有多么惊人的壮举,没有多么耀眼的光环,我只是日复一日地用爱心谱写着一曲曲动人的乐章,将学生引向知识的彼岸。每每听到学生的一声声问候,看到孩子们一张张天真的笑脸,我就会深感欣慰。不论多么劳累、多么疲倦,一站上讲台,我又思维敏捷,精神抖擞。为了学生,我甘为春蚕,愿化红烛,呕心沥血! 学生的点滴进步,是回报我的最好礼物。

教育需要持之以恒

◎ 谢伟伟

这段时间两位踏上讲台不久的老师经常跟我说起班里的某个孩子难带，说是表扬和批评都用过了，都是管一两天的用，问我应该怎么办。

深深的思索将我带回几年前，当时我带一年级的语文兼任班主任。在众多新生当中，你一眼就会发现一个小女孩儿，她头发乱蓬蓬的，衣服脏兮兮的，眼睛里流露出的是害怕。学写汉语拼音字母“ɑ，o，e”，对于别的孩子来说轻而易举，当别人写一行时，她才歪歪扭扭写了一个“四不像”，而且我讲的占格位置对她来说也是毫无意义，她根本不按四线格的位置写，不写到四线格外边就算好的了。我问她有没有上过幼儿园，别的孩子抢着回答：“老师，她啥都不会。”而她自己呢，只是低着头不说话，就是我在课下问她话，她也不吱声。后来了解到，这个孩子有先天性心脏病，没上过几天幼儿园，她父母是老实的农民，没什么文化，在家只是解决她的温饱而已，然后就是带着她四处求医。通过和她母亲的几次接触，我感觉问题更加严重，因为她母亲的精神状况不是很好。这样的成长环境让我揪心！当时我把她归类为智力较低的一类。也可能是源于母爱，那时的我还不理解什么是赏识教育，只知道这样一个孩子，老师不能再给她雪上加霜。当时我对其他学生是相当严厉的，但是唯独对她，没有批评，只有鼓励。慢慢地，她敢跟我说话了，有时还兴奋地扬着手中的作业本让我看，虽然她的作业“驴唇不对马嘴”，虽然写的字我看不清是啥，但是我给她的始终是一个微笑、一声“不错！”第一次月考，她的成绩是个位数。

第一个学期快结束时，她要做手术，需要休学半年。等到来年的秋季开学，我还是带一年级兼任班主任，再次见到她时，可能是解除了病痛，她显得精神多了。因为之前有过几个月的上学经历，她不再是那个胆怯的小女孩儿了，她还主动帮助新生，和他们讲一些学校的规矩。当然，我对她还是格外关照，别人写错一道题我都会严厉指正，而她写对一道题，我就会对她夸奖一番，因为我觉得她的每一点进步都不容易，需要表扬。她也时常皱着眉头来问我一些问题，我很高兴，她能主动提问题了。

你知道吗？一年后的期末统考，她的语文考了60多分！学校的老师都说她开窍了。现在回想起来，正是由于长期以来对她的偏爱与宽容、理解与帮助，才给了她学习的信心。

如果说学生是一粒种子，那么老师的教育就是一缕阳光，不是所有的种子都能发芽，但只要播种了，得到了阳光的照耀，就有发芽的可能。发芽的幼苗需要阳光，成长的幼苗更需要阳光。

对于一些特殊学生的教育不是一朝一夕的事，也不是仅仅靠一两次的表扬，而是需要老师具有丰富的教育经验、足够的耐力、源源不断的爱心和持之以恒的精神。

做一个爱心与智慧同行的老师

◎ 赵利霞

德国诗人海涅说过，思想走在行动之前，就像闪电出现在雷霆之前一样。教师任何一种教育行为的背后都有教育思想和教育理论的影子，不管这些思想和理论是系统的、理性的还是零碎的、感性的，是以显性的形态出现还是以无意识或隐性的形态存在，它们始终影响着教师的行为，关系到教育工作的成败，教学质量的高低。

我认为一个小学生的健康成长与教师的爱心息息相关，但教师要带着智慧去爱每一个学生，做一个“智慧型教师”才有可能创造奇迹。

爱学生，就要尊重学生。课堂上，随时都有可能出现一些“意外事件”。教师该用什么样的语言和态度来处理这些“意外事件”呢？如果面对学生充满想象力的回答，教师用貌似温柔的话语给否定了，总是有意或无意地以成人的思维标准来评价、引导学生，教育、制约学生，那么长此以往，学生的学习积极性和创新意识从何而来，学生的思维如何能得到发展。给学生一个想象的空间、一个开放的问题、一句鼓励的话语、一个赞许的目光，不仅学生的学习积极性和思维能力得到了呵护，而且在老师的理解、宽容下，学生从内心也真正感受到了师爱。所以我认为，理想的教师首先就是要有爱心，只有在爱的基础上，教师才会投入他的全部精力，才会把自己的青春、智慧，无怨无悔地献给孩子，献给教育事业。

但仅仅有爱心就够了吗？并不是这样的。

有爱心对教师来说很重要,但仅有爱心又是远远不够的。对学生,每个老师都倾注了爱,但有时爱不一定能收到良好的效果。师爱只是给学生提供一个良好的心态基础,并不能解决具体的学习问题,就像医生与病人关系好并不能保证医生治好病人一样。再说,家长对孩子的爱不比老师少吧,但他们却常常要求老师帮忙,希望老师多多教育他们的孩子。其实他们缺少的不是爱,而是教育智慧,是科学的教育观念和方法。在我们的身边,这种现象数不胜数。

因此,作为教育工作者,只有让智慧与爱心同行,既有爱心又有教育智慧,才能更有效地教书育人。如何才能增进智慧,使自己向"智慧型教师"迈进呢?

一、在思考、实践中产生智慧

智慧是思考的结晶,教师的教育智慧是教师对教育教学问题长期研究和不断思考的结果。教师如果能从研究的角度开展教学工作,不断地发现问题、思考问题、研究问题、解决问题,就能不断地增长自己的思考力、感悟力,不断地提炼新见解、新观点,从而全面地提升自己的学术水平和教育智慧。

在反思、实践中探寻语文教学改革的有效途径,让《语文课程标准》深入课堂并转化为教师的教学行为,这一直是我们所追求的。我们既要保持改革的热情,又要有清醒的头脑,更需要冷静反思如何做才能避免先进的教育理念在教学中走样、变味儿。实践告诉我们,方向性与目的性正确的宏观决策必须有正确的微观路径相配合,高位的教育思想必须有低位的操作方法相配合,先进的教育理念才能转化为有效的教育实践。时代在变,学生在变,学生的见识、感悟也在变,我们也应该多角度、创造性地开展教育教学工作,坚信只有这样,才能事半功倍。

二、在勤奋学习中产生智慧

"勤能补拙是良训,一分辛苦一分才。"作为一名教师,要特别加强对教育学理论的学习和研究。教师唯有从古今中外的文明成果中汲取营养,才能成为学者,成为名家。除此之外,还要多读名师的教育日记,时常进行案例分析,因为它们可以为教师提供一些思路,还能帮助教师学会如何采用适当的思维方式进行合乎逻辑的思考。

教师要为学生而学习。教师通过阅读和学习把自己打造成一部让学生百读不厌的书,这部书比起课本对学生的影响要深刻和持久得多,“为学生而读书”是教师阅读的第一动力。教师要为教学而学习。教师通过学习,可以汲取满足教育教学工作的精神营养,并把这种精神营养转化为自己的工作能力和综合素质,充分增强教育教学效果。教师要为自我而学习。它以完善人和丰富人性、充实文化底蕴和生活情趣、体验人生为目的。此种学习有助于教师用更广阔的视野来思考和实践新课程,用更为厚实的文化底蕴来支撑教育教学,用更完善的人格魅力去熏陶和感染学生。

教师要善于学习,勇于实践。在教师的专业成长过程中,最好的方式就是学中用、用中学、学中研,也就是要结合自己的工作不断学习、实践、研究。

三、在交流中产生智慧

教师的教学一般是单独完成的,教师的劳动在大部分时间里是个体性的。备课、钻研教材、上课、辅导、批改作业都是复杂的脑力劳动,要独立完成,但绝不能因此忽视教师之间的交流。交流方式主要就是互相学习、共同讨论。“他山之石,可以攻玉。”善于学习,善于博采众长是走向成功的一条捷径。在与同行的相互切磋交流中,我们可以取长补短,碰撞出智慧的火花。共同讨论则益处更多。首先,讨论有助于相互启发,集思广益。在讨论中,别人新颖的观点、奇特的思路都能给自己以启迪。其次,讨论有助于激发灵感。讨论是思想的交换,在思想的碰撞中能够产生灵感的火花,长期困扰个人的问题和疑惑往往能在讨论中迎刃而解。最后,讨论有助于锻炼和提高思维能力。在讨论中,激烈的思想交锋能够快速有效地增强思维的深度和广度,提高思维的逻辑性和敏捷性。

做个集爱心与智慧于一身的教师,是我一生的追求!

信念+心动=……

◎ 王雅琪

苏格拉底云:“未经审视的人生不值得度过。”

看到这句话,我不禁自问:作为教育工作者的我,我的信念是什么?我追求的是什么?我向往的又是什么呢?

接受了二十几年的学校教育,我曾一直单纯地以为,我的信念便是让自己的所学充分体现其应有的价值,带着这份信念,毕业之后即投身一心向往的教育事业。我和所有的一线教师一样,怀着“天下兴亡,匹夫有责”的抱负,以教书育人为己任。然而,几年的历练下来,我深感自己还是太年轻,我想得太美好却未深谙其理,往往欲速则不达,于是,我放慢脚步,重新审视自己的内心。

我到底在干什么?我想象着自己是在建设一栋高楼大厦,我努力去打好大厦的地基,因为我明白地基的好坏决定着整栋大厦的品质,我明白教师是要对一批又一批的少年儿童进行最基本的、能够影响其素质形成的各种教育。在这一阶段给少年儿童储备滋养其生命的元素,使其终身受益,重要性尽人皆知。我努力去达到这个目标,甚至机械地走每一步,苛刻地要求自己并且要求孩子们,脚步越来越快,灵魂却越来越麻木。我重视自己的信念,记得自己踏入教育行业的初衷,可是我却忽略了将“心”放进教育中,忘记了那一丝丝“心动”的感觉。

“心动”,这实在是一个非常普通的词语,可是有几个人真正体会过心动的感觉呢?

没有哪两个学生是完全相同的，每个学生都有自己独特的思想、自己独特的气质及优缺点。当面对学生的优点，我们能欣然接受并且深感欣慰，但是当面对他的缺点及一次又一次考砸了的成绩，他的表现可能令我非常不愉快，可是，假如我能用心仔细观察的话，我一定能发现他是无助的、苦闷的，甚至他的背影也让人心酸。这时，如果我心动了，化顽石为真金的奇迹也许将在我身上实现；反之，说不定就毁掉了一个天才。那么，我到底成就了多少奇迹而又毁掉了多少天才呢？细想起来，甚是后怕。

我到底在干什么？每当夜深人静之时，这样的感悟反思经常萦绕在脑海中。或许真的是太年轻，“心”没有放对地方，就麻木了，心一旦麻木，就失去了爱与同情的能力，失去了见微知著的能力，如此从教，则“差生”多。我是凡夫俗子，心动的时候应该是很多的，可动的往往不是地方，时间长了，心也麻木了，自然也就没有心动的能力了。

回过头来，尝试去找心动的感觉，我换种心境去观察几十双眼睛，关注几十种表情，深入了解几十个孩子的家庭背景，仔细分析几十种学习情况，就为了随时找到心动的感觉。

然后，我明白了，只有“用心”才会“心动”。心动，是一种境界；让人心动，是一种追求。教学如斯，做人如斯。

我知道，生命若没有信念，那便是行尸走肉，即使走遍世界的每一个角落也枉然；生命若没有心动，那便是没有生命的生命，早衰，或者枯萎。

我愿带着最初的信念，携着失而复得的“心动”，重新出发，让我再一次真正走进我所热爱的教育行业，去建设我的高楼大厦，让这座高楼大厦不只是坚固，还要生机勃勃。

让爱飞翔

◎ 崔显元

做一名教师,是我人生的选择;做一名优秀教师,是我人生的目标。走在这铺满阳光的从教之路上,我试着用真诚和爱心为每个孩子撑起一片天空。因梦想,让爱飞翔;因希望,让爱飞翔;因生命,让爱飞翔!

小时候经常听一首歌——《长大后我就成了你》,我总被那个美女阿姨坐在椅子上边拉二胡边唱歌的神韵和气质深深吸引,听得津津有味,一遍又一遍……希冀成为歌中那美丽的角色,被人赞颂。

2013 年 9 月,我得到幸运女神的眷顾,拥有了一份神圣的职业:教师! 我觉得自己仿佛走进了生命中最灿烂的时刻。

登上讲台,我不忘陶行知先生说过的话:"你的教鞭下有瓦特,你的冷眼里有牛顿,你的讥笑中有爱迪生。"为了祖国未来无数的"瓦特""牛顿""爱迪生",我将满腔的爱都赋予了我的学生。记不起多少次为了备好一节课,我认真钻研教材;多少次为了设计一个游戏,我反复琢磨,细细推敲;多少次为了学生,我放弃双休日,加班加点直到雄鸡报晓;又是多少次,重感冒且嗓子嘶哑,我依然坚守在课堂。这一切都缘于我痴爱教育,我明白教育是一种责任。

记得一个圣诞节,那天有很多孩子把苹果送到讲台上,但有一个小女孩儿安静地站在讲桌旁一直看着我,当我们目光碰撞时,她害羞地躲开了。"孩子,你有话要对老师说吗?""老师,我可不可以送给您一幅画。""当然可以啊!"我说。她高兴地从书包里拿出一幅画递给我,打开一看——是怎样的一幅画啊!

穿着紫色点点花袄，散着披肩长发，戴着黑框眼镜，在讲桌旁正批改着作业，简直和我一模一样！右上角一轮明月悬挂在天空，还有“老师，您辛苦了”几个字横跨画页。我沉浸在被孩子理解的幸福中，眼泪夺眶而出。这是我收到的最珍贵的圣诞节礼物！

还有 2015 年 9 月 24 日那天——我的生日，我步伐轻快地走进教室，看到黑板上赫然写着：“老师，生日快乐！”我正诧异孩子们怎么知道我的生日，教室里又齐声响起了生日快乐歌。这只有在电影或电视中才能看到的情景正真实地出现在我的眼前，泪水又一次打湿我的眼眶。我深切地感受到，我的真诚爱心和六十八颗火热的心融在了一起。这就是心与心的交流、爱与爱的传递吧。

我的真心付出同样得到家长的称赞。有的家长说：“崔老师，把孩子交给您我放心！”有的家长说：“孩子最近进步特别大，也懂得了感恩，每天放学回家讲学校里发生的趣事，我的脑海里就会浮现出您阳光般的笑容。”家长和孩子的信任与爱戴让我也觉得自己真的长大了，不再是只得到家人庇护的公主，也可以有许多可爱的小精灵得到我的庇护。我和小精灵在属于我们的天空，乘着梦想，一起翱翔！

当然，学高为师，要追求卓越，就必须勤学进取。上班第一年，我就主动报名参加了全国“说教材，说课标”的比赛，为此，也不记得自己有多少个夜晚一直忙碌到凌晨两三点才睡觉，早上五六点就爬了起来，更不记得自己一个人默默地练习了多少遍，练习到多晚。功夫不负有心人，最终我取得了全国一等奖的成绩，我体会到了付出与收获的快乐！整个过程带给我的成长，让我永记心间，也让我更加努力！

早已知道，那间教室里放飞的是希望，守巢的是自己；那块黑板上写下的是真理，擦去的是功利；那根粉笔画出的是彩虹，洒下的是泪滴，奉献的是自己。但是，我只想和大家携手同行，默默耕耘，在教育之路上郑重书写爱在飞翔！

我心中的优秀生

◎王　娜

什么样的学生才能称为优秀生？不同的人有不同的答案。回想学生时代的自己，能当优秀生，佩戴大红花，发张小奖状，获此“殊荣”便是那时“孜孜不倦”的追求，是最高的荣誉，也是老师对自己最好的评价。在自己的意识里，优秀生就是成绩最好的学生，成绩好便一好百好，成绩差便全盘否定。在我站上讲台成为一名教师后，我心中的优秀生也渐渐有所改变，我不止一次思考过：自己想教出怎样的学生？随着从教时间越来越长，我心中对优秀生也有了一个全新的思考和认识。

我心中的优秀生，应当有优秀的品质。他懂得爱和感恩，善良热情，自信自尊，正直诚信；对待生活乐观积极，并能用阳光般的笑容去感染周围的人；对待困难和挫折能够迎难而上，不逃避、不气馁，倔强得不轻易认输，追求上进；对待错误敢于担当，不推诿、不抱怨；懂得宽容和谦虚，懂得欣赏别人，能和他人愉快合作……这些都是成为优秀生的基石。

我心中的优秀生，应当有良好的习惯。好习惯是一个人一生最大的财富。俄国教育家乌申斯基对好习惯做了一个形象的比喻：好习惯是人在神经系统中存放的资本，这个资本会不断增长，一个人毕生都可以享用它的利息。事实也是如此，好的生活习惯和学习习惯也是成就优秀学生的翅膀，有助于孩子健全人格的培养。想想身边曾有多少“优秀生”，成绩一向很好，但是父母和老师却忽视了对他们健全人格的培养。

我心中的优秀生，应当潜力大，能力强。他爱学习，但绝不是书呆子；他善积累，巧运用，能将知识积累转化为能力，灵活运用，不死读书，不全信书；他凡事有自己的主见，有自己鲜明的个性和独特的思想。伟大的物理学家爱因斯坦曾说："学会独立思考和独立判断比获得知识更重要。"优秀生遇事能自己去思考，去想办法，去解决处理。优秀生应该是小小的身子里蕴藏着无限的潜能，有着属于自己的梦想，始终保持着特有的活力，保持着对事物的好奇，力争全面发展，好成绩对他来说只是其中之一，但绝不是全部。

作为教师的我们，对优秀生的评价不能仅仅停留在成绩的优秀上，而是要更多地关注学生的品德、个性、人格等非智力因素和创新精神及实践能力。任何一个学生都有成为优秀生的潜能，这就需要我们学会"沙里淘金"，抓住他独特的闪光点，进一步挖掘其优势，使他充满自信，拥有强大动力，从而让他成长得更优秀！

静品花味：教学反思

不被成绩这片“树叶”障目

◎ 高淑萍

多年前,我怀着无比向往的心情来到了现在我工作的地方,我告诉自己,我将要面对的是世界上最灿烂的笑脸、最纯洁的心灵。

多年后的今天,我依然记得自己当初说这话时得意的神情。可是如今的我,感到无比烦恼和疲惫,失去了当时的热情和期望,因为这几年,我除了面对灿烂的笑脸和纯洁的心灵外,更多的则是要面对这样一些现象:课上不专心听讲,随便私下交流;牛头不对马嘴的课堂应答;课间无视纪律,追逐打闹;课后马马虎虎地做作业……这些慢慢让我不堪忍受!

最近无意中看到的一篇文章让我认真反思了一下自己,文章讲述了这样一个故事:

有一个母亲,她的孩子上小学了,有一段时间孩子上学总是迟到。老师找到母亲谈话。母亲回家后没有打骂孩子,在临睡前她对孩子说:“儿子,告诉妈妈好吗?为什么你那么早出去,上学却总是迟到呢?”孩子说他发现在河边看日出太美了,所以他每天去看,看着看着就忘了时间。

第二天,母亲一早就跟儿子去河边看日出。母亲很感慨:“真是太美了!儿子,你真棒!”这一天儿子上学没有迟到。放学回家后他的书桌上放着一块好看的手表,下面压着一张纸条:“因为日出太美了,所以我们更要珍惜时间和学习的机会。你说对吗?爱你的妈妈!”

看完这个故事,我烦躁的心变得安静了,陷入了沉思。长期以来,受应试教育的影响,评价学校以升学率为"指挥棒",评价学生以分数高低"论英雄"。分数高成绩好的学生一好百好,有些教师往往受"一白遮百丑"的习惯思维左右,即使他们做错了事,也会被认为错得可爱、错得有水平,是不拘小节的表现,教师都不会往心里去,会原谅他们。而同样的错误如果发生在分数低成绩差的学生身上,这些学生就没有那么幸运了,教师往往会不分青红皂白先板起脸训斥一通,再翻出一些陈年老账,历数他们的违纪行为,对学生的辩解置之不理。结果是教师面对不承认错误的学生——生气,学生对老师不理解——难过。这不由得令我想起"一叶障目,不见泰山"的典故,成绩就像是那片树叶,"树叶"挡住了教师的眼睛,影响了教师对学生客观、全面、公正的评价和处理。文中的那位母亲,她懂得耐心地在孩子的缺点中发现那一点点优点,用无微不至的母爱,呵护生命中微弱的闪光点。作为一名教师,就更应该全面、客观、公正地评价学生,不被成绩这片"树叶"障目,平等对待学生,不歧视任何学生,只有这样,才能赢得全体学生的尊敬。

致新上任的一年级语文老师

◎ 谢伟伟

我从教十多年来，大部分时间担任低年级的教学。刚开始教一年级的时候，觉得自己非常努力，但是收效甚微，在教学路上走了一些弯路。所以，把自己的一些做法和想法整理一下，与大家交流，希望能给大家带来一些思考和启发，对今后的工作有所帮助。

一、调整心态，心平气和

许多老师不愿意带一年级，无非是因为带一年级往往既费马达又费电，老师耗费了很多精力，但效果却不能立竿见影。一年级的孩子小，什么都要从零开始，需要老师操心的地方太多。因此，一年级的老师在走马上任之前先要调整好自己的心态——心平气和。薛瑞萍老师的那本《心平气和的一年级》老师们可以翻阅一下，心平气和确实很重要。做到心平气和，你才会有足够的耐心，尤其是第一次教一年级的老师，千万不要急于求成，你得一点一点地教，你的一个眼神、一个动作表示什么意思，一年级的孩子不知道，你得告诉他们。记得我第一次带一年级的时候，常常被学生气得不得了。比如有一次，我正在讲课的时候，有些学生小声说话，我就停下不讲了，如果是高年级的学生会马上闭嘴，然后老师接着讲，但是，刚上一年级的孩子不会察言观色，你停你的，他说他的，很让人郁闷。记得还有一次，我进班准备上课，但是学生好像没听见铃声，像小鸟开大会一样，叽叽喳喳地说个不停。我的好心情全没了，就甩出去一句话：你们这么喜欢说话，那我们这节课就不上了，你们接着说吧！你猜接下来发生了什么？学生把我的反话当真了，继续几人一组在那儿说话，弄得我是哭笑不得。因此，对于一年级的孩子，我们不能说反话、气话，要多做正面引导。有了经验之后，再带一年级，在开学的头几天，除了让学生背《小学生守则》，讲常规教育，还要让学生明白老师的肢体语言。如：伸一根手指头表示“停”；老师说“眼睛”，学生就知道看黑板；什么样的眼神表示什么样的意思；等等。这样师生就能很快度过磨合期。

总之，当学生犯错误你想发脾气的时候，你就想，学生是不知道才会犯错的，我们常说不知者不为过嘛。再说，发脾气也解决不了问题，我们要思考的是学生为什么会犯错，自己的哪些工作没有做到位，多从自身找原因，这样的话，自己会有很多的收获。

二、课堂教学，讲究方法

记得有一年，我们提倡“堂堂清、日日清”。我当时带的是一年级，又年轻没什么经验，就一根筋地响应号召，例如，一天学了 14 个生字，就让学生一个一个过关，不会认的，放学留下继续认，弄得老师和学生都身心疲惫，家长在校门口等久了也是怨声一片。事实上，生字要想“堂堂清、日日清”几乎是不可能的。一年级的识字教学，应该充分考虑学生的身心特点，遵循汉字教学规律，采用多种形式把学生识字的主动性调动起来，采取不同方式使生字反复再现，增加“见面率”。各种识字游戏，我们可以根据班里的实际情况灵活运用。我一般是这样操作的：比如今天上课识字游戏是“摘苹果”，感觉效果比较好，那这个游戏我至少会用两周，甚至更长时间，直到感觉学生厌倦了再换另一种识字游戏。这样做的好处是节省了上课介绍游戏规则的时间，学生也轻车熟路，老师简单的一个指令，学生就知道接下来要干什么。

关于识字游戏、识字方法，老师们一定都有很多经验了。想给刚接手一年级的老师提醒的是,生字一定要及时复习。这个年龄段的孩子记得快忘得也快。我一般是一课的生字学完后,后边连续两天都要让生字与学生再见面,然后中间隔上三四天再与学生见面,之后生字与学生见面隔的天数可以稍多一些,这样反复与生字见面,学生就能掌握得比较牢固。

对于要求写的生字,老师更需要细心,如果学生写错了字而老师没有发现,那他以后很难再纠正了。有些学生在上幼儿园期间写了很多字,但是有一部分学生的握笔姿势和笔顺不对,我们必须进行纠正。开学的时候讲握笔姿势,平时上课还得时时提醒,尤其在学生写字的时候,我们多在学生中间转转,就会发现很多问题。对于学生不按笔顺书写、凑字的现象,我是这样处理的:一年级上册,每次让学生写生字,要求必须先写字的笔顺。上学期的期末测试,有一道按笔顺规则写字的题,我们班只有一个孩子是看错要求把字抄了一遍,其他孩子是全对。上册的独体字掌握好了,下册教写字就比较轻松了,重点把偏旁的写法讲一下就行了。

三、习惯养成,讲究策略

中国教育鼻祖孔子曾说:“少成若天性,习惯成自然。”成功的教育从习惯养成开始。这些大道理我们都知道,都明白低年级要狠抓养成教育。但具体怎么抓?千万不能眉毛胡子一把抓。老师一口气念了几十条班规,学生一条也记不住。怎么办?分开来办,坚持一周或者几周连续对一种习惯进行培养。刚开学的头一个月,讲课的速度放慢,重点放在培养学生的习惯上。俗话说得好,磨刀不误砍柴工。低年级的孩子经常丢三落四,老师布置完作业,总是有人报告“老师,我没有铅笔”“老师,我的铅笔都断了”“老师,我没有本儿”……要想避免这样的现象发生,我们在开学初就应该下足功夫,培养学生整理文具的习惯,给学生规定好每天需要准备几支笔、几个本,每天晚上要自己整理书包,怎么整理也要教学生。有规定还要有检查,每天早上第一件事就是检查学生的文具准备情况,这项工作差不多需要持续两周,两周后就不用天天检查了,而是偶尔抽查一次。这样,第三周就可以把重点放在“课堂纪律的遵守”等其他方面。你可以一周选定一个训练重点,当然一周之后还要提醒。有研究说是 21 天养成习惯,实际上过了 21 天,形成的学习习惯仍然需要班规班纪的约束。经过一个多月的时间,学生的“写字姿势、读书姿势、课前准备”等一些基本的常规教育就完成得差不多了,接下来就是培养与语文、数学等学科息息相关的一些学习习惯了。

我们在培养学生养成各种习惯的时候,必须得有一些班规约束着,奖励政策激励着,再灵活地对个别学生采取一些“心理战术”,这样能更好更快地培养学生的好习惯。

对于在学业上刚刚起步的孩子的教育,不是一朝一夕,一个月、两个月的事,需要我们持之以恒地科学地引导,是等待的艺术、慢的艺术。

为语文课堂注入生活的气息

◎ 张　莉

春回大地，新的学期又开始了，看着过完春节重新回到教室里的孩子们一个个小脸上洋溢着喜悦，一个个身上充满着生机，就像是春天的小使者一般，顿时，我也仿佛感受到春天的温暖。

这学期《语文》课本第一组课文的主题是"感受春天的美好"，真是应景儿，这一组课文特别适合在此时学习。第一篇课文《燕子》描写了桃花盛开、绿柳轻扬、燕子飞来时的情景。从课文一开始，孩子们就能感受到那"一身乌黑光亮的羽毛，一对俊俏轻快的翅膀，加上剪刀似的尾巴"的小燕子的活泼机灵。在理解"都像赶集似的聚拢来"的情景时，我就想，对于现在城市里的孩子们来说，"赶集"到底该怎么理解呢？就我个人而言，因生长在农村，自是见过集市的熙攘热闹和赶集人的急切，因为这是存在于我儿时记忆里的生活情景，可是，该怎么让班里这些城市出生、城市生长的孩子们在脑海中想象出"赶集似的聚拢来"的景象呢？我还真是遇到了难题。

"孩子们，对于'赶集'你们是怎么理解的呢？"我试着把问题抛给孩子们。果然，刚才还在体会"细雨、微风、柳丝、青草、绿叶、鲜花"的美好的孩子们一怔，眼睛眯了起来——我知道，这是他们正在快速运转思维的外在表现。

"那——'集市'，你们是怎么理解的呢？"我进一步引导。

已经有不少的孩子开始挠头了。

"老师，是不是买东西的地方呀？"有人用怀疑的声音小声试探了一下。

“那是超市吗？”马上有人应声。

我此时只笑不语，我知道，我要等待，等待孩子们的分析结果。

“好像不是说在商店买东西吧。”

“集市？咱们这儿有吗？”

…………

孩子们已经进入了热烈的讨论。

“哦，老师——是不是早市呀！”王苗江恍然大悟地大声喊道。

我惊奇的同时松了一口气，我的等待有了“柳暗花明”。“可以说，跟我们城市里的早市很相似哦。早市有什么特点呀？”

“人多。”

“买东西的多。”

“卖东西的也多。”

“热闹。”

“人们很匆忙的样子。”

“是啊，不赶紧买的话，一会儿就结束了呀。”

孩子们七嘴八舌地说了起来，我知道火候已经到了。“那我们课文中写的是什么都像赶集似的聚拢来呀？”

“是‘细雨、微风、柳丝、青草、绿叶、鲜花’，它们像赶早市的人们一样热闹地、急匆匆地到春天里来了。”聪明的毛欣源迅速答道。

“那么，同学们在脑海中想象一下这样的画面吧。”我顺势说道。

孩子们都闭上了眼睛，陷入想象。相信每个人的脑海中都有一幅五彩缤纷的春景图。

为语文课堂注入生活的气息，不再让理解文字变成枯燥的“纸上谈兵”，将孩子们的生活经验和理解课文相配合，这样的语文课堂会更生动、更鲜活！

关于一年级写字的一些思考

◎ 毛秋风

每次接班的时候，总是感觉学生的字体很糟糕，可能我本身对书写比较敏感。当然，也有一部分原因是，高年级学生作业有些多，不会再像低年级学生那样一笔一画工工整整地去写。我想，假如学生在刚刚开始写字的时候就能规范地书写，是不是到高年级会好很多呢？

2017 年秋我教一年级。作为起始年级，如果学生的书写没有指导到位，教师要负有很大的责任，再说，很多人都知道我写字还行，我突然觉得压力很大。

部编版教材的设计我很喜欢，版面大大的，字也很大。每一个要写的字旁边都有笔顺，还有初始学习的笔画。具体的教材还没有细看，但看着写字表里这一百个要写的字，我不由得想，一个学期就一百个字，还写不好吗？

初步的打算是，写字不随着课文走，把写字单独列出来，按以前我教书法时候的顺序来教。先教笔画怎么写，然后再写两三个字作为范例。当我把这一百个字，按照每个字的笔画名称来排的时候，发现问题了：一百个字中，很多字都是由最基本的横、竖、撇、捺、横折、横折钩这几种笔画组成的，像斜钩、撇折、卧钩、横折弯钩、竖折折钩等笔画，所涉及的字非常少。如果从书法的角度来说，教材其实对这些常用笔画并没有分得那么细。比如说撇，在写字的时候，由于所处位置的不同，有平撇、短撇、竖撇等之分，教材后边常用笔画名称表中的撇，只是最基本的一种写法。对于一年级的孩子，要不要分得这么清呢？还有一个问题是，如果写字单独列出来，课文或识字课后面要写的字，就不一定能随着本课的进度走，这样会不会对学生造成困扰呢？学校每两周还有基础知识的测试，这些我该怎么统筹规划呢？

翻看课本，第一次要写的字是“一、二、三、上”，涉及的笔画是横和竖；第二次要写的是“口、目、耳、手”，涉及的笔画有横折、撇、弯钩。这样一看，我感觉对学生来说，要想写好还是有一定难度的。“上”和“耳”两字中同样有竖，其实是有悬针竖和垂露竖之分的。还有“手”，平撇和弯钩都是比较难写的笔画。这对刚刚开始学写字的学生来说，真的是有挑战性的，更别说写出顿笔、轻重变化了。

思考再三，还是想尝试一下，把字单独列出来，把一些笔画细分。我相信，学生还是有敏锐的观察力的。

刚开始的时候，学生要写好字确实很困难，特别是顿笔和结构，但这是写好字所必经的阶段。

开学后的一段时间，除了入学教育零零散散地穿插到课堂常规训练中，识字课还没有开始进行讲解，写字倒是提前了。

在一节课上，我把悬针竖和垂露竖写出来，让学生观察，这两个竖有什么不同。他们观察得很仔细，描述得也和这两个笔画的名称基本一致。特别是晓曼同学，她的回答使其他学生茅塞顿开。当我在黑板上写“十”和“上”时，他们一下子就感受到了这两种竖的不同。

接下来，同学们进行了很认真的练习。我一一检查过关，对于结构写得不好的，要求重写。我提醒学生，尽可能不用橡皮去擦，写得不好就再写一个，从现在就养成下笔即写好的习惯。

我准备就照着这样的思路走，以练习书法的方法进行写字的教学。一学期总共也就一百个字，每天工工整整写两个，严格要求，到期末能不能让每个学生写出来的字都比较规范、美观呢？

不试一试，怎么能知道会达到什么程度？会收到什么效果呢？

让我们一起努力向上吧。

走在课外阅读指导的路上

◎ 贾盈盈

我们一直在呼吁家长重视阅读、学生热爱阅读，那么，课本和课外书的时间比例如何分配？阅读在实际的教学中应该怎样操作？我们一直在顾虑：课外阅读占用了上课时间，课本知识就学不完或者学不好。这种想法是多么狭隘呀！语文学习观要与时俱进。曹文轩先生曾说过，语文是由一本书到一座书山，再到一个人生。由此看来，把课外阅读纳入正常的教学时间，教师规范性地引领、指导学生阅读已经迫在眉睫。

经过一段时间的实践和总结，我认为在教学时间内规范性地引领、指导学生阅读要做到以下几个方面：

一、根据读物的不同，指导学生灵活运用“三读法”

1.浏览性的泛读。对大部分浅显易懂的书或阅读价值不高的图书报刊，可采取浏览法，即“随便翻翻”，以大致了解其主要内容，或通过看标题、目录、内容提要、前言等，以求在有限的时间内获取更多有价值的信息。

2.探求性的速读。有时读书是为了达到某个特定的目的或完成某项任务，如寻求某个问题的答案、专门搜集某方面的知识等，这就要求“一目十行”。快速阅读的奥秘在于让大脑“跑”在眼球前面，掌握快速阅读的孩子每分钟能读二百多个字，未受训练的孩子每分钟只能读八九十个字。速读能使获取的新知识、新信息成倍增长。

3.品味性的精读。对名篇名著和其他文质兼美的优秀作品,需要静心细读,体会立意构思,揣摩布局谋篇,欣赏妙词佳句,像人吃东西那样,经过细细咀嚼,才能把书中的精华变为自己的知识营养。有的好文章要反复读几遍,甚至熟读成诵。

二、根据阅读的需要,帮助学生养成良好的读书习惯,即“不动笔墨不读书”

1.圈点勾画。用相关的符号在书或文章上记录下自己阅读时的见解、感受,或爱,或憎,或疑,或思,如用不同符号分别标示重点词句、疑难困惑、偏差错误等。

2.作批注。在文章旁边写出自己的见解和感受。可以品评遣词造句的精妙,写出自己的理解、体会和感想,可以谈谈对同一问题的不同见解或由此引发的联想,还可以指评原文的纰漏等。

3.写读书笔记。可作摘抄、编提纲、写体会。

4.制作卡片。为了便于记忆和积累,鼓励学生把名言警句、精彩片段、佳词妙句等抄写在卡片上,以随身携带,随时翻阅、背诵。

三、根据阅读的目的,促使学生形成边读边思考的阅读意识

边读边思考是阅读的基本要求,也是其他各类方法的基础和前提。通过概括内容、复述原文、体会思想感情、理清文章条理等多种形式的专项训练,引导学生逐步掌握分析、概括、比较、综合、联想等思维方法,达到以读促思、以读促写的境界。

读书 公开课 清欢

◎ 贾盈盈

回顾自己从事教育工作的十三年历程，有这样几个词语将永久铭刻在我人生的词典中：读书、公开课、清欢。

一、关于读书

我认为，读书是教师成长的不二法门，必须靠读书学习弥补自身知识的不足和进行进修提升。

全国著名特级教师窦桂梅老师小时候没有读过多少书，当上教师以后觉得腹中空空，于是把书作为自己成长的土壤。后来，上网阅读也成了她学习的一部分。无论工作多忙，窦桂梅老师都挤出时间学习。教育名著、文学经典等各类书占了家里四面的墙壁，《南方周末》《人民教育》《书屋》等报纸杂志也成了窦桂梅老师生活的伴侣。我想正是由于她不断地读书学习，才成就了她今天的成功。

朱永新说过，一个人的精神发育史就是他的阅读史，读书不一定成就名师，但读书一定能促进教师实现专业成长，读书的教师内心一定是平和而幸福的。前段时间听报告的时候，有一位教授对在场的教师做调查：哪位老师家里的藏书有一千册？顿时全场无声，有的只是老师们不好意思地左顾右盼。我当时在默默地估计我藏有多少书。唉，算来算去，只是一百多本而已！真心觉得自己读书太少！真心觉得自己应该多去读书。众所周知，教师的知识结构主要包括文化科学基础知识、学科专业知识、教育科学知识三大类，作为一名教师，要想永葆工作中青春的状态，没有理由不去读书。所谓“不积跬步，无以至千里；不积小流，无以成江海”，通过读书，我们不仅可以积累知识，还可以充实、丰富、完善自己。我觉得，无论是学习还是工作都贵在不断积累，因此，我愿做一名读书型的教师，像永不干硬的海绵一样不断地吸收和纳取。

二、关于公开课

课堂教学是一门艺术，而公开课是教师成长的舞台，更是教师提高教学水平的快车道。有一件令我印象深刻的事：几年前北京卫视的一个访谈节目邀请了央视当家花旦董卿做嘉宾。当主持人问董卿炉火纯青的舞台主持艺术是如何炼成的时候，董卿反问主持人：一期节目录完了，你会干什么？感觉录制效果不太理想，你又会怎么做？主持人说，会放松一下，会通过一些娱乐渠道和语言发泄、排遣自己的不快。但董卿说她会第一时间看回放，从头到尾审视自己的表现，找出不足。然后假设再次录制类似的节目时，最好的应对方法是什么。这其实跟我们课后的反思和改进很相似，而上一节公开课更要把课后的反思和改进发挥到极致。

有人说上公开课很累很煎熬，我完全同意这种说法，但我也要补充一点，那就是收获是很大的，所以再累再煎熬也值了。上学期，我有幸聆听了王崧舟老师的《天籁》一课。王崧舟老师讲《天籁》，恍若再现庄子梦蝶之神奇迷离，令人深深沉醉。王崧舟老师前期对庄子做了大量的研究，用了整整一年时间来备课。王崧舟老师的这种执着令我肃然起敬。我觉得作为一线教师，我们应该张开热情的双臂，去拥抱公开课的到来，因为公开课为我们自身的专业成长和教学水平提升提供了更多的专业支持，给我们带来的专业体验和行为跟进是常态课所无法比拟的。在我的成长中，公开课给了我莫大的帮助。无论是自己上出一堂精心准备的公开课，获得大家的宝贵意见，还是在欣赏别人精彩的公开课中得到的知识和灵感，都为我的进步提供了丰富的营养。

三、关于清欢

台湾著名作家林清玄在《清欢》一文中讲道，清欢就是清淡的欢愉，这不是来自别处，正是来自对平静疏淡简朴生活的一种热爱。当一个人可以品味出野菜的清香胜过山珍海味，或者一个人在路边的石头里看出了比钻石更引人的滋味——这就是"清欢"。教师的工作给我带来的就是一份清欢。面对常规课堂教学及班级常规的教育和管理，似乎每天都是一样的，做着千篇一律的工作，每天都是重复着，重复着。然而，它的微妙之处就在于，在这近乎一样的繁琐工作中，却每天都有着它的特别和新怡之处。当清晨的上课铃声响起，在悦耳的铃声中走进教室，走上讲台，凝视那一张张纯真的笑脸，向他们问好，然后聆听他们真诚的回应……既满足又幸福。我就是这样日复一日地沉浸在自己的小小天地里，不能自已。

以前读到苏轼的一阕词，非常喜欢，其中一句是"人间有味是清欢"。今后的工作中，让我们享受这份工作带来的独特的清欢！

小学语文中段古诗文教学“五部曲”

◎ 崔显元

古诗文，历来是语文教学的重点内容，是语文教材不可缺少的组成部分。《语文课程标准》关于古诗文的总体目标是：“认识中华文化的丰厚博大，汲取民族文化智慧。”“能初步鉴赏文学作品，丰富自己的精神世界。”《语文课程标准》对每个学段也提出了不同的目标要求，整体来看，三个学段的目标设定体现了《语文课程标准》对小学古诗文学习要求呈螺旋上升的阶梯式，情感体验是学习古诗文的主要目的，诵读是获得情感体验的有效途径。

在课标精神指引下，新编所有版本的语文教科书都充实了古诗文教学内容，并且都有着构思精巧的编排体例。

根据第二学段学生的年龄特点和认知水平，三、四年级的学生已具备一定的语文能力，其理解能力和想象能力也正在发展，对古诗文有了初步的接触和认识，教材所选古诗内容也活泼生动、健康向上，非常易于第二学段的学生接受。如《咏柳》，小学生喜欢吟咏，诗句形象生动，读起来也朗朗上口，这种经典作品正是对他们诗文启蒙的好教材。另外，在第二学段中对不同年级选编的古诗文难易程度也有所不同：三年级教材古诗文描写的景物和表达的感情简单易懂，如“独在异乡为异客，每逢佳节倍思亲”表达的就是思乡之情，学生很容易理解；四年级教材选编的古诗文内容就蕴含有一定的道理，如“不识庐山真面目，只缘身在此山中”让学生懂得“当局者迷，旁观者清”的道理。而且在四年级下册中选编了一首词《忆江南》，让学生对词有了初步的接触，为第三学段学习更丰富的体裁打下基础。总之,无论从三个学段还是一个学段的不同年级,教材选编的古诗文都充分体现了科学的层次性。

结合《语文课程标准》,为培养小学生对古诗文的兴趣和热爱,在古诗文教学中可以尝试以下古诗文教学“五部曲”:

第一部曲:诵之。教师要尊重学生独特的阅读体验,成为引导学生朗读的组织者、合作者和促进者,让学生读出层次、读出情感。如教授三年级上册《夜书所见》时,老师首先诵读,做感情引导。在老师的声调、肢体语言、表情的感染下,学生进入古诗情境,再通过初读、精读、研读过程,在反复诵读和模仿中逐步形成能力,同时配以相关的音乐、图片和视频资料进行情景渲染。这样,学生不仅能读出诗文的本意,体会诗人孤独、思念家乡的情感,还能获得属于自己的独特的阅读体验。

第二部曲:解之。就是对诗文基本含义的讲解,帮助学生理解诗意。如四年级上册《游山西村》的教学,先让学生自读古诗,质疑问难,抓住“足”“莫笑”等关键词理解诗句“丰年留客足鸡豚,莫笑农家腊酒浑”,体会农家的淳朴、热情以及诗人对农村生活的真挚感情;再让学生通过了解诗歌的写作背景,体会诗人当时的心境,来理解诗中名句“山重水复疑无路,柳暗花明又一村”所描写的由疑惑到惊喜的转变。

第三部曲:舞之。也就是把古诗内容,通过自己或和学生一起编排的简单动作表演出来。如《咏柳》一诗,就可让学生通过舞蹈来感受垂柳的轻柔飘逸和大自然的奇妙。这样不仅增强了学生学习古诗的兴趣,也瞬间将学生的学习积极性激发到了最高点。

第四部曲:歌之。将古诗的内容放入自己熟悉的歌曲曲调中。如《送元二使安西》这首赠别诗,和我们熟悉的歌曲《送别》的感情基调相吻合,那么就可以用来放入古诗的内容唱出来。以此激发学生学习古诗文的热情,也提升了学生对韵律美、形象美的审美能力。

第五部曲:绘之。小学生处于想象丰富的年龄段,在平时的教学中,应注重让孩子们一边朗读一边想象画面,让他们把自己想象的画面呈现于彩笔下,并展示自己的作品,他们也非常快乐。

总之,希望学生在诵读、感悟、唱跳、想象中体会古诗文的艺术魅力,遨游于经典之中享受古诗文的美好,也希望每个人的人生都能够有诗一样的精彩,诗一样的芳香!

且行且思教语文

◎ 乔峰玲

人教版小学《语文》二年级下册“语文园地五”的“日积月累”板块“读读背背”一项里给出的内容是《节气歌》:春雨惊春清谷天,夏满芒夏暑相连,秋处露秋寒霜降,冬雪雪冬小大寒。在以往的教学中,我的教学设计基本是带领学生读一读,结合《节气歌》后边给出的二十四节气名称来解释一下歌谣的意思,最后让学生把《节气歌》背会,整个教学就算结束了。

但学生学习的实际情况告诉我,这样设计教学,二十四个节气对好多孩子来讲只是新鲜的词语。孩子们虽然背会了《节气歌》,但是二十四节气到底是什么意思,和实际联系不起来,还是不理解,更谈不上对生活的影响了。二年级下册第五单元的课文有《古诗两首》、《望庐山瀑布》、《绝句》、《雷雨》、《最大的“书”》和科普诗《要是你在野外迷了路》,这样的安排就是把孩子的目光引向大自然。语文园地《节气歌》的这个安排是把学生的目光进一步聚焦在观察大自然上,旨在建立语文与生活的联系,让学生在结束本单元的学习之后带着浓厚的兴趣继续观察大自然,发现更多的秘密。整个单元学习的最后内容是,“口语交际”要求交流“奇妙的动物世界”,“写一写”要求写一种自己熟悉的动物,“展示台”提示可以展示收集的谚语、收集的标本、读到的奇闻……在完成以上这些活动的过程中,多数学生还是比较为难,主要原因是这些内容几乎从未走进过孩子们的生活!

撇开本单元的学习不说,二年级的孩子们经历了四个学期的语文学习,对大自然的观察又多了几分主动和细心呢？看看他们的回答就知道了。

“麦子是秋天成熟的。”

“夏天树叶落下来了。”

“夏天成熟的水果有苹果，秋天成熟的水果有桃子。”

类似的“笑话”很多，再问孩子：“除了高粱、大豆，还有什么是庄稼？”没几个能够回答出来。我们教室的窗外，有一棵高大的法桐，还有一棵中国梧桐。两棵树就在窗外，孩子们天天见。我指着这两棵树问我们班的孩子它们是什么树，全班七十人，没有一个孩子知道。

我在想，我们的语文教学那么重视观察自然，重视培养学生人与自然和谐相处的理念，我们能不能培养学生主动观察自然的兴趣，能不能让学生对身边的花草树木、飞鸟、云朵等自然现象有主动探究的意识呢？

思考了这些，我再教《节气歌》便有些不同了：

二年级上学期，我就开始带领孩子了解节气。比如冬至，就不是吃吃饺子那么简单了。我让学生知道冬至是一年当中白天最短、黑夜最长的一天；一起读读背背《九九歌》；一起制作消寒图，在一笔一画的描绘里静待春天的到来。

春季开学第一课，我也从节气切入：数九寒天就要过完，马上迎来鸟语花香的春天，你知道春天有哪些节气吗？你知道在寒假里经历了哪些节气吗？经过几次这样的教学，不知不觉间学生对节气多了一分自觉的关注。

惊蛰的时候，有学生说：“老师，惊蛰过后冬眠的动物开始苏醒。”我及时肯定学生对自然的关注，告诉学生惊蛰时节还会有打雷现象。巧得很，那年惊蛰过后的第三天，郑州就经历了一次雷雨天气。打雷这件事让孩子们对古人的智慧多了几许敬佩，对二十四节气有了明显的兴趣。于是我们就在这个兴致高昂的时节背《节气歌》，历数二十四节气。在草木萌发、虫鸟鸣动的蓬勃春天，那二十四个节气在孩子的脑海里变成了一幅一幅的图画，也变成了他们多姿多彩的生活。

清明节后的第一个周末，我布置了作业：种植。要求至少种三样东西——一样庄稼、一样蔬菜、一样花草。根据种植的不同阶段指导孩子们写日记、拍照片、做展示、写童话……孩子们在这个过程中忙得不亦乐乎，聊天的话题变得异常丰富：

“你的种子发芽没？”

“我的上海青可以吃了！”

“你的蜀葵长什么样呀？”

不但如此，孩子们写日记也有话可说了，就连那些一写东西就发愁的孩子也不需要家长催促了。语文就这样轻松地走进了学生生活，生活就这样轻巧地拥抱了学生。二十四节气走进了每一个孩子的语文世界，也走进了每一个孩子的生活。

关于二十四节气的学习让孩子的生活多了一份乐趣和诗意，也让传统文化的智慧滋润了每一个孩子的心田。

静听花开:课堂教学

《一个接一个》教学设计

◎ 毛秋风

※ 内容来源 ※

人民教育出版社 2016 年版《语文》一年级下册第二组

※ 教学目标 ※

1.认识“接、再”等 12 个生字和单耳旁 1 个偏旁,读准多音字“觉”,会写“这、过”2 个生字和笔顺:横折折撇。

2.读通课文,读好问句和感叹句。

3.熟读课文第一小节,找出关键信息,感受心情的变化。

※ 教学重难点 ※

识字、写字和感受心情变化。

※ 教学安排 ※

两课时

※ 教学过程 ※(仅展示第一课时)

课前把本课要认识的生字卡片随机发给部分学生。

一、谈话导入,激发兴趣

1.谈话导入。课件出示“接”,认读。“‘接’这个生字卡片,在哪位学生的手里?”学生把“接”字递给老师,师生合作表演接的动作,学生感受这一动作。

提醒并使学生知道“接”为什么是提手旁。

选一组学生,从前往后一个接一个地传递字卡,理解课题。

扩词练习。

2.补充课题。

3.金子美铃简介。

读金子美铃的童诗《玻璃和文字》。

设计意图:在具体的情境中,让学生感受字的音、形、义之间的联系,同时理解课题。

二、识记生字,初读课文

1.老师范读课文,学生轻声跟读,注意听准读音,感受朗读节奏。

2.学生自由读课文。

(1)借助拼音,把课文读一读,遇到不熟悉的字画出来,多读几遍。(学生自由读课文,教师巡视)

(2)用自己喜欢的方法识记生字。

三、检查识字

1.出示生字词。

齐读,开火车读。

2.趣味识字。(认到哪个字,就让拿此字卡片的学生把卡片贴到黑板上)

(1)认读“做、各、种、样、梦”。

a.出示夕阳图,编顺口溜:“夕阳落入林子里,小动物们入梦乡。”学生猜测是什么字。

b.用“梦”组词。出示词语“做梦”,学生齐读,认识“做”。

c.出示“各”的甲骨文图片,学生猜测;讲解“各”的本义;用“各”组词。出示词语“各种各样”,学生齐读,认识“种”“样”。

d.扩词。了解“各种各样”的含义,举例:各种各样的汽车、各种各样的雨等。知识延伸,丰富学生的积累。

(2)认识“伙伴”和“趣”。

a.拿“伙”和“伴”两个字卡的学生到讲台上,讲解什么是“伙伴”。学生分别组词。

b.认识“趣”,进行扩词练习。

c.用这三个字连起来说一句话。

(3)认识“觉”。

出示字卡,在具体的情境中分清多音字。

(4)认读“却”。出示小篆图片,学生猜测是哪个字。认识新偏旁单耳旁,熟字加偏旁识记。

解释“却”的本义,补充词语“望而却步”。

出示本课中的句子“操场上却响起了上课铃声”,学生感受句子中“却”的含义。

(5)游戏识记“这”字。师生共同演示“这”和“那”。

(6)看字卡识记“再”。除了“再见”,还有“再吃一个”等。

3.读词语。

设计意图:通过各种识字方法,如谜语、词串等,将识字与生活、阅读相结合。

四、再读课文,学习第一小节

指导学习第一小节。

1.老师范读第一小节,学生跟读,指导读好儿化音“一会儿”和带有“唉、啊、呢”的句子。

2.孩子是在什么时候玩“踩影子”游戏的?(生答:月夜。)他们玩得怎么样,从哪儿看出来的?(生答:第一行。)相机出示笑脸。

3.指导朗读第二和第三行诗,感受孩子心情的变化。

师引读:是呀,正玩得高兴,大人却叫——(学生接:“快回家睡觉!”指导学生读出大人焦急的语气,声音要洪亮,语气要上扬,读出“叫”的感觉)

师引读：听到大人的叫声，孩子是怎么想的？（学生接第三行诗。指导学生“唉”要读出惋惜的语气，重读“好想”和“再”，读出孩子的惋惜之情）出示哭脸。

学生练习读出心情的变化。

4.孩子不高兴了吗？（生答：没有。）他是怎么想的？哪个词写出了他的心情变化？（生答）

“不过”在这里是什么意思？（表示转折，说明孩子从另一个角度去考虑问题。）

教育学生遇事从不同的角度思考。

5.指名读第一小节。（提醒学生有情感地朗读）

设计意图：让学生结合课文所学，联系自己的生活进行感受，目的是引导学生设身处地地思考课文中人物的心情，为下节课的学习做铺垫。

五、生字书写

1.教师出示“过”，板书走之的写法，范写，学生书空。

同样的方法写“这”。

2.学生练习。先练习走之，再练习字。一个字写两遍。

3.展示。

设计意图：笔画横折折撇是新学的内容，教师一定要示范，讲解书写中的注意事项。学生练习后，教师进行讲评。

六、作业

仿照第一小节的学习，读第二、第三小节，标出描写孩子心情变化的句子。

设计意图：对于结构相似、语言反复的语段，由扶到放，引导学生自主学习。

《羿射九日》教学设计

◎ 谢伟伟

※ 内容来源 ※

人民教育出版社2017年版《语文》二年级下册第八组

※ 教学目标 ※

第一课时：

1.认识“射、值”等12个字，会写“炎、值”等9个字。

2.会默读课文，理解课文内容。

3.能抓住关键词句讲故事的起因部分。

4.通过本课的学习，能就自己觉得神奇的内容和同学交流，有阅读神话故事的兴趣。

第二课时：

1.复习生字词，巩固认识“射、值”等12个字，会写“炎、值”等9个字，会写“东边、光明”等18个词语。

2.能根据表格提示的内容讲故事。

3.通过对比阅读《后羿射日》，体会神话故事的特点。

※ 教学重难点 ※

1.会讲《羿射九日》这个故事。

2.学习边默读课文边思考问题的方法。

3.感受神话故事的神奇。

※ 教学安排 ※

两课时

※ 教学过程 ※

第一课时

一、谈话激趣，导入课题

1.出示一些中国古代神话故事书的封面，学生猜故事的名字。

2.导入课题《羿射九日》，利用字理识记生字“射”。

设计意图：利用图画猜故事，激发学生的学习兴趣，同时了解学生对神话故事的了解情况。利用课题，顺势指导识记生字“射”。

二、整体感知，学习生字

1.默读课文，了解故事的主要内容。

教师点拨概括文章主要内容的方法。

2.学习生字词。

小组接力读，小组汇报读。提醒“庄稼”的“稼”变轻声。

说识字方法，指导归类识记形声字“值、熔、箭、裂、稼、滋”。

3.指导书写“值”，根据字义理解识字。

选字填空，区分同音字“值、直、植”。

指导书写“炎”和“类”，最后一笔变成点。

设计意图：学会默读是本学期的一个重点。本篇课文比较长，当学生需要深入思考时，需多次用到默读。尝试概括文章的主要内容，为以后三年级的学习做铺垫。本课的生字多是形声字，所以要引导学生采用归类识记的方法。

三、理清脉络，学讲故事

1.出示预学单，理清哪几个自然段写了故事的起因、经过、结果。

2.指名读第 1 自然段，思考问题：太阳原来是怎样的？在文中画出答案。

3.后来发生了什么事？指名读第 2 自然段。

抓住“太没意思、一齐、十个、炙烤”等关键词，指导学生朗读课文。

联系下文理解“炙烤”。

4.十个太阳炙烤着大地，万物变成怎样的了？

老师范读第 3 自然段，学生边听边想象画面。

抓住“晒枯、烤焦、蒸干、熔化”展开想象，并指导朗读，体会日子“艰难”。

以补空的形式读第 3 自然段，加深对关键词的理解记忆。

5.根据关键词句及时间线，讲一讲故事的起因部分。

设计意图：引导学生理清故事层次，根据文章内容展开想象，抓住关键词反复读，为讲故事做铺垫。分解讲故事的任务，本节课先引导学生讲故事的起因部分，第二课时再让学生讲整个故事。

四、拓展延伸，推荐阅读

1.你觉得故事里哪些内容很神奇？学生交流。

小结神话故事的特点：神奇、充满想象。

2.中国古代神话魅力无穷，很多神话故事被改编为连环画、木偶剧、动画片、电视剧、电影等，有的被印在邮票上或雕成塑像，有些神话故事中的人物还被用到了电脑游戏中。人们用多种艺术形式表达对神话故事的喜爱。

3.了解希腊神话、北欧神话、凯尔特神话。

4.推荐阅读《中国古代神话故事》。

5.在歌曲《后羿射日》中结束本课。

设计意图：感受神话故事的神奇，充满想象，激发学生阅读神话故事的兴趣。

附：板书设计

神话《羿射九日》
- 起因
- 经过
- 结果

神奇想象

值　炎

第二课时

一、复习导入

1.出示生字词，学生认读。

2.导入课题《羿射九日》，板书课题。

3.回忆课文主要内容。

4.指名讲故事的起因部分。

设计意图：复习上节课所学的生字词，回忆课文内容，讲故事的起因部分，点出上节课学过的学讲故事的方法。

二、深入理解

1.羿是怎么射日的？

指名读第 4 自然段，圈出羿射日的动词“翻、趟、登、搭、拉”，体会羿的英雄形象。

结合插图，指导朗读。

2.默读第 5、第 6 自然段。点出“太阳害怕极了”是通过“慌慌张张”的神态表现出来的。

3.羿射日后,结果怎样?

联系上下文体会“勃勃生机”。

勾画关键词“滋润、繁茂、奔腾欢唱”,想象“勃勃生机”的大地还会有哪些景象?

设计意图:故事的经过是文章最精彩的部分,抓住关键动词反复读,为讲好这一部分内容打下基础。另外,最后一段的生词比较多,采用联系上下文的方法理解词语。

三、练讲故事

1.根据表格里的内容及时间轴,讲一讲故事的经过和结果。

2.抓住关键词句和精彩片段讲整个故事。

设计意图:根据课后所给的主要内容学讲故事是本课的学习重点,也是难点,所以这部分留的时间要比较充分。提醒学生在讲故事的时候,抓住一些表示时间的词语,让故事更有神秘感、层次性。本课开头的“很久很久以前”,也是众多神话故事常用的开头。

四、拓展延伸

1.出示文章《后羿射日》,学生默读。

2.对比两篇文章,引导学生发现神话故事的特点。

设计意图:在人教版教材中有一篇课文《后羿射日》,让学生通过对比阅读,进一步发现神话故事的特点。

附：

《羿射九日》预学单

班级：________　　学号：________　　姓名：________

一、我会把课文读熟，还会画出神奇的地方。

二、我会读这些生字词。

shè jiàn　zhí　róng　jiān　liè　cuàn　yán
射箭　值日　熔化　艰难　爆裂　乱窜　炎热

zhuāng jia　zī　téng
庄稼　滋润　奔腾　觉得　人类　害怕　从此

重新　神弓

三、我会标出自然段。

这篇课文一共(　　)个自然段。

第(　　)—(　　)自然段写羿为什么射日，是故事的起因。

第(　　)—(　　)自然段写羿是怎么射日的，是故事的经过。

第(　　)自然段写羿射日后大地的变化，是故事的结果。

《秋天的雨》教学设计

◎ 崔显元

※ 内容来源 ※

人民教育出版社 2009 年版《语文》三年级上册第三组

※ 教学目标 ※

1.指导学生认识“钥、匙、趁、柿、菠、喇、衔、裳”8 个生字,会写“扇、枚、邮、爽、柿、仙、梨、菠、萝、粮、紧、杨”12 个生字。正确读写“清凉、留意、扇子、炎热、邮票、凉爽、柿子、仙子、菠萝、气味、香甜、粮食、加紧、油亮亮、杨树、丰收”等词语。

2.引导学生联系上下文和已有生活经验理解重点词句的意思,感受语言文字之美。积累好词佳句,背诵自己喜欢的部分。

3.引导学生在理解课文内容的基础上,感受秋雨的奇特、秋景的美丽,激发学生对大自然的热爱之情。

4.指导学生正确、流利、有感情地朗读课文。

※ 教学重难点 ※

重点:引导学生通过抓具体的语言文字,正确、流利、有感情地读好课文。

难点:引导学生通过语言文字感受课文中描写的秋天美景,体会作者对秋雨的喜爱之情。

※ 教学安排 ※

一课时

※ 教学过程 ※

一、激情导入，揭示课题

1.出示秋天的美景图片，共同欣赏一下。

2.播放秋雨的图片和声音，引出课题，板书课题。

设计意图：教学过程离不开情感的参与。通过播放生动直观的秋景图和秋雨的图片及声音，让学生走进一个感受秋雨的美、了解秋雨能给大地带来丰收的特定情境，以促使学生怀着极强的期待投入课文的学习中。

二、初读课文，感知大意，认识课文结构

1.配乐，学生默读课文。

出示默读提示：

(1)画一画：画出课文中难读的字词，想办法读会。

(2)想一想：课文是从哪几个方面写秋天的雨的？

(3)找一找：找出文中描写秋天的雨的句子，多读几遍。

2.配课件图片及表演，教师范读课文。

3.师：课文是从哪几个方面写秋天的雨的？大家读书很认真，谁知道这三个句子分别写的是什么？出示：

(1)秋天的雨，有一盒五彩缤纷的颜料。

(2)秋天的雨，藏着非常好闻的气味。

(3)秋天的雨，吹起了金色的小喇叭，它告诉大家，冬天快要来了。

4.挑生读，师引导。师生共同总结出，是从颜色、气味和声音三个方面写秋天的雨的。(板书：颜色　气味　声音)

设计意图：阅读教学是学生、教师、文本之间的对话过程。学生通过阅读课文，并采用思、画、想等方式，在主动积极的思维和情感活动中加深理解、体验、感悟和思考，受到情感熏陶，获得思想启迪，享受审美乐趣。

三、细读课文，指导朗读，感悟语言

（一）体会第 2 自然段语句的生动形象，读出秋天的色彩美

1.课文是怎样从颜色方面来写秋天的雨的？

2.自由读课文第 2 自然段。一边读一边把描写颜色的词语和自己喜欢的句子画出来，并多读几遍。

3.学生练习朗读，老师巡视指导。

4.读优美句子，体会色彩之美和比喻句的生动形象之美。

5.学生自由汇报；老师巡视情况，出示多媒体课件，引导学生通过有感情地朗读体会优美的语句。

（1）重点引导描写黄色和红色的句子。出示课件，体会比喻的修辞手法。

（2）引导学生体会"你挤我碰"，想象作者省略的颜色，了解省略号的用法。

（3）通过前面的铺垫总结体会"五彩缤纷"的意思，并通过找近义词加深对"五彩缤纷"的理解。

（板书：五彩缤纷）

（二）体会第 3 自然段用词的形象传神，读出被香味"勾住"的感觉

1.创设情境，老师做出深呼吸的动作。

2.读课文第 3 自然段，看看能提出什么问题。

3.学生汇报，师生交流，老师作小结。

4.齐读，老师通过自己的动作引导学生体会"被勾住"的原因。

（板书：香甜）

（三）体会第 4 自然段，大自然的勃勃生机，读出语段中蕴含的积极情感

1.听！（播放小喇叭的声音）秋雨吹起了金色的小喇叭，它告诉大家，冬天快要来了，我们一起到秋天的树林里看看小伙伴们都在忙什么吧？

2.引导学生自由读课文。

3.创设情境，师生合作表演。

（板书：喜悦）

设计意图:引领学生亲历阅读过程,走进文本深处,体验文本情感,并让学生从被动的"学答"状态提升到主动的"学问"状态。最后通过再现秋天的实景,通过师生动情真实的表演和情境创设,把课本上平面的语言变成"立体的交响",从而使学生更深切地体会到其中隐含的生命价值。

四、升华拓展,布置作业

秋天的雨,给我们带来了五彩缤纷的颜色、香甜勾人的气味、欢乐喜悦的声音,还给我们带来了丰收和忙碌,秋天的雨就是一首歌。你有什么话要送给秋天的雨呢?在自己的书上写上一两句话,回家以后读给自己的爸爸妈妈听。

设计意图:巩固学习效果。

附:板书设计

秋天的雨

颜色	五彩缤纷
气味	香甜
声音	喜悦

《七颗钻石》教学设计

◎ 王　娜

※ 内容来源 ※

人民教育出版社2009年版《语文》三年级上册第五组

※ 教学目标 ※

1.会认8个生字，会写15个生字，能正确读写“钻石、焦渴、水罐、喜出望外、匆匆忙忙、反正、递给、忍不住、唾沫、涌出、新鲜”等词语。

2.通过自主探究、师生交流、发散想象等方法走进人物内心世界，使学生懂得爱心对社会的意义，懂得关心他人，懂得用爱心对待生活。

3.从水罐的一次次变化中体会爱心的神奇力量，感知童话丰富的想象力。

※ 教学重难点 ※

重点是让学生感受到爱的巨大力量，培养学生的爱心、同情心和善良的品质。难点是让学生体会是爱心使水罐发生了一次次神奇的变化。

※ 教学安排 ※

两课时

※ 教学过程 ※（仅展示第二课时）

一、复习词语和课文内容，走进课文

1.复习词语。

(1)认读词语。(课件出示)

竟然　咽下　唾沫　匆忙　绊倒　瞬间　凑上去　忍不住

(2)复习多音字"咽"。

(3)在新的语言环境中认字。(课件出示)

一天下午,街上传来雪糕的叫卖声。弟弟忍不住咽了口唾沫,看他那口渴的样子,我从储钱罐里取出零花钱,匆匆忙忙地跑了出去,不料绊倒在一块大石头上,鲜血瞬间就涌了出来。为了不让弟弟失望,我顾不得疼痛,凑到人群中,为弟弟买回了雪糕。

(4)随机指导"唾、沫"两个字的书写。(板书演示)

学生书写展示,教师引导评价。

设计意图:复习生词,重点指导难记易错的生字,扫除字词阅读障碍。随机指导"唾、沫"两个字的书写。

2.复习内容,质疑导入。

(1)复习课文内容。

水罐:空→满→银→金→钻石、水流、星星。(指黑板)

师:通过上节课的学习,我们知道了小姑娘的水罐首先从空的变成了满的,接着变成了——(生答:银的),然后变成了——(生答:金的),最后竟然从里面跳出了——(生答:钻石),涌出了——(生答:水流),钻石变成了星星。

(2)质疑导入新课。

师:同学们,你们觉得这些变化怎么样?你有什么疑问吗?

学生自由质疑,教师归纳提出大问题。(课件出示:为什么水罐会有如此神奇的变化呢?从一次次神奇的变化中你体会到了什么?)

设计意图:引导学生质疑,提出自己感兴趣的问题,教师随机提出本课的大问题,为后面抓住课文主线教学做铺垫。

二、深入课文，感悟内容

（一）深入阅读课文

带着问题默读课文，作批注。（课件出示要求：为什么水罐有如此神奇的变化呢？从一次次变化中你体会到了什么？）

学生默读课文，把相关的语句用"——"画出来，并在旁边作批注。

设计意图：通过默读、勾画每次变化相关的语句、写批注、谈体会，充分发挥学生的自主、探究性学习，使学生真正成为学习的主人。

（二）体会感悟内容

找出与水罐的四次变化相关的语句，从中体会爱心主题。

1.师：为什么水罐会从空的变成了满的呢？

学生回答出相关语句，并简单地说体会。（课件出示："一天夜里……哪儿也……累得……睡着了。"）

教师引导预测：

①小姑娘为什么哪儿也找不着水？我们都来读读这段话，你感受到了什么？是通过哪个词感受到的？读出你的感受。抓住"干涸""干枯""焦渴而死""所有……都"等关键词语。

学生齐读，读出自己的感受。

引导：在如此干旱的情况下，活着的花草树木最需要什么？活着的人和动物最渴望的是什么？此时，水意味着什么？

②爱心的力量是多么神奇啊！空空的水罐竟装满了清澈新鲜的水。此时小姑娘的心情如何？理解"喜出望外"。她渴吗？她想到的是什么？她是怎么做的？请夸一夸她。

小结朗读：正是小姑娘的爱心使水罐发生了神奇的变化。让我们通过朗读，再现那感人的一幕吧！

学法指导：同学们，刚才我们抓住关键词，深入课文的字里行间。联系上下文，我们仿佛看到了当时的情景，这让我们感受到了童话的神奇。下面我们继续用这种方法学习其他几次变化。

2.师:水罐为什么又变成了银的呢? 谁来读一读?

学生答出相关语句。(课件出示:"小姑娘往手掌里……变得欢喜起来。")学生说体会。

教师引导预测:

①联系前文想象一下:如果小姑娘没有给小狗喝水的话,小狗会怎么样?

出示第一段,再读。

引导:此时此刻,水对于小狗来说就是什么?(课件出示水的重要)喝了水,小狗就能活下去。这生命般宝贵的水小姑娘自己都没舍得喝一口,却分给了一只小狗,此时你的感受是什么?

②小结:她不仅爱她的妈妈,也爱小动物。她的爱心是多么无私和博大啊! 正是爱心的力量使水罐再一次发生了神奇的变化,水罐变成了银的。

3.师:水罐又是怎样变成金的呢?

学生答出相关语句。(课件出示:"她回到家……交给了母亲……递给了小姑娘。")学生说体会。

引导预测:

①联系前文出示第一段,理解母亲说的话,此时水对于母亲来说就是什么?(课件出示水的重要)面对生命之水母亲做出了选择,你的体会是什么?读一读这一句。

②理解"瞬间"。从这一变化中你体会到了什么?

③小结:正是小姑娘和她母亲无私、伟大的爱使水罐变成了金的。

4.师:水罐里怎么又跳出了七颗很大的钻石,涌出巨大的水流呢?

学生答出相关语句。(课件出示:"这时……忍不住……过路人讨水喝……咽了一口唾沫……把水罐……过路人。")学生说体会。

教师引导预测:

①小姑娘一而再,再而三地把水让给别人,难道她就不渴吗? 你是从哪些词语体会到的? 读出你的体会。

在极度焦渴的情况下，把生命般珍贵的水毫不犹豫地给了一个素昧平生的过路人，小姑娘是多么善良、多么急人之所急啊！要知道这水对于小姑娘来说也是生命啊！（课件出示水的重要）我们一起来读一读。

②她可以有很多理由不把水给过路人呀，谁来说说？

虽然理由有这么多，但是小姑娘还是把水给了过路人，此时，你体会到了什么？读出你的体会。

小姑娘无私、广博的爱心再次显示了它的神奇。（课件出示内容）读一读。

③想象：地球上发生大旱灾，大地一片荒芜，而现在从水罐里涌出了一股巨大的清澈又新鲜的水流，人、动物、植物乃至大地将会是怎样的情景呢？如果没有爱心会怎样呢？

这代表爱心的七颗钻石越升越高，——升到了天上，变成了七颗星星。

（三）总结

课件出示：在这么严重缺水的情况下，小姑娘一次次地拥有了水，可她先想到的是________，是________，是________，却唯独忘了________，这是为什么呢？小姑娘的母亲呢？正是这无私、广博的爱心使水罐发生了一次次神奇的变化。

（画出代表爱心的心形图案）

设计意图：引导学生在大问题情境中抓住关键词语理解、想象、感悟，在此基础上通过朗读加深理解。

三、联系生活，深化主题

总结：（出示图片）你们看天空中这么多的星星，寄托着同学们美好的愿望。这儿有大家的关爱之心、孝顺之心、助人之心、奉献之心……希望同学们的颗颗爱心，如钻石般永恒，如星星般璀璨，普照人间。

设计意图：通过看爱心图片，学生明白爱是真实的奇迹，在我们生活中到处有爱，到处有奇迹发生，从而懂得用爱心对待生活。

四、课后作业

必做作业：

1.抄写本课的生词2遍。

2.积累喜欢的句子。

选做作业：

1.讲一讲：把这个爱心故事讲给家人听。

2.听一听：弘扬"爱心"品质的童话故事《星星银元》。

3.编一编：展开你的想象和联想，把这个故事续编下去。

设计意图：作业设计中既有基础性作业，又有可供学生选择的作业。

附：板书设计

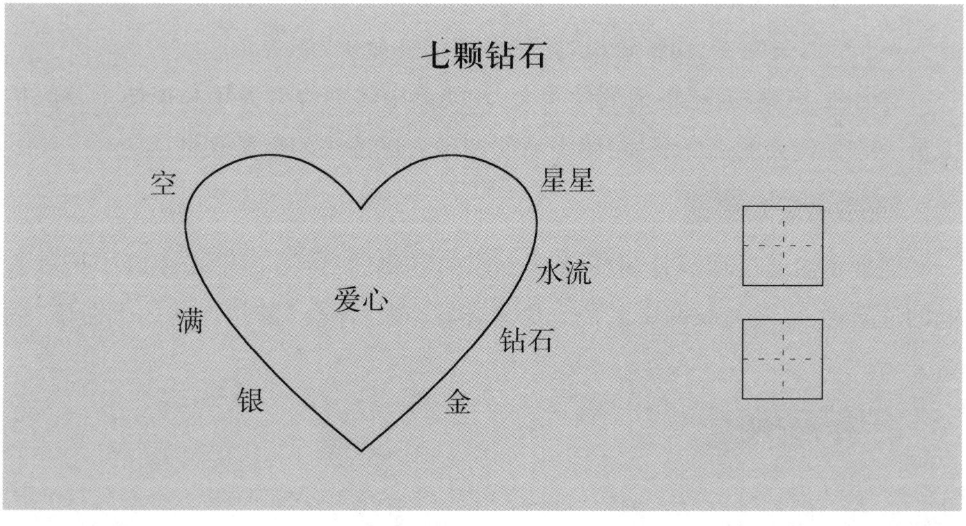

设计意图：板书第一课时和第二课时共用，它的特点是醒目、直观、易懂，有助于学生理清文章脉络。心形板书起到贯穿全文主题的作用。

《跨越海峡的生命桥》课堂实录

◎ 高淑萍

※ 内容来源 ※

人民教育出版社 2009 年版《语文》四年级上册第六组

※ 教学目标 ※

1.了解课文内容,理解题目"跨越海峡的生命桥"的含义。

2.正确、流利、有感情地朗读课文,在朗读中体会台湾青年和李博士及医护人员一心为他人的高尚品质,感受海峡两岸人民浓浓的血脉亲情。

※ 教材重难点 ※

引导学生通过理解骨髓移植对小钱的重要性,台湾青年在余震中捐献骨髓的危险性,以及海峡两岸医护人员的奔波劳累,体会"跨越海峡的生命桥"的含义。

※ 教学安排 ※

一课时

※ 教学实录 ※

一、课前铺垫,引出故事

师:上课前请大家先看一张图片。图片上是谁?他在干什么?

生:姚明,在献血。

师:对,他现在是国际大球星了,身价据说在1亿美元以上。在2005年9月4日,他加入了中华骨髓库,成为骨髓捐献志愿者。当时他与记者有这样一段对话:

记者问:“姚明,你是真捐呢,还是作秀呢?”

姚明答:“一旦需要,马上就捐。”

记者又问:“如果正在举行一个重要的比赛呢?”

姚明反问:“有什么比生命更重要吗?”

听了这个故事以后,请同学们谈谈自己的感受。

生1:很佩服姚明。

生2:姚明说得很对,生命才是最重要的。

师:是啊,姚明的话语虽然朴素却感人。我们今天学习的一篇课文,也是关于拯救白血病病人的感人故事。一起读题目。

二、检查预习,了解大意

师:课前老师已经布置了预习,课文读了几遍?

生:三遍。

师:超过三遍的请举手。

师:俗话说,“书读百遍,其义自见”。高老师要看看你们读书的情况:谁知道文中的“海峡”指的是什么海峡?

生:台湾海峡。(出示课件)

师:那么跨越海峡桥的两端是哪儿?

生:这一头是杭州,那一头是台湾。(板书:杭州　台湾)

师:两岸之间发生了怎样的故事呢?谁能用一两句话来简要说说?

生:杭州的小钱得了白血病,需要骨髓移植,台湾一位青年为他捐献了骨髓,最终小钱得救了。

师:你说得又清楚又简练,再加上一点,是在什么情况下台湾青年捐献的骨髓就更完整了。

生:(想了想,重新组织语言)杭州的小钱得了白血病,需要骨髓移植,台湾一位青年在大地的余震中为他捐献了骨髓,最终小钱得救了。

(板书:小钱青年　台湾青年)

师:同学们真不简单,不用老师教,通过预习就对课文内容有了初步的了解。(板书:初读,了解大意)接下来让我们走进杭州,去看看躺在病床上的小钱。哪位同学来读课文的第2自然段?

(教师指名读课文)

三、抓住词句,体会人物命运

师:这段话中有一个句子特别长,你能读好吗?

(课件出示:这个刚满18岁的年轻人,患了严重的白血病,生命就像即将凋零的含苞的花朵,唯有骨髓移植,才能使这朵生命之花绽放。)

指名读,纠正"白血病""骨髓"的读音。

师:这句话中有三个词语都是写花的,请找出来。

生1:含苞。

生2:凋零、绽放。

师:可是这三个词语在这里是指什么呢?

生:小钱的生命快要没了,就像是花骨朵还没有开放,没有展现它的美丽就凋零了一样。

师:含苞未放的花朵即将凋零,就是小钱年轻的生命面临死亡,小钱他只有18岁呀!

师:是啊,18岁应该是最浪漫、最美好的年龄,18岁应该是编织梦想、放飞希望的年龄,可小钱呢?(学生接读)当你读到这里时,你是什么感受?

生1:小钱太悲惨了!小钱太可怜了!上天对小钱太残忍了。

生2:谁能快点救救他!

师:生命是这么美好,却是这样脆弱,怎能不让人痛惜伤心呢?带着你的这份感叹再来读读这句话。

（学生融入感情地读）

师：小钱是可怜的，但又是幸运的，为什么这样说呢？

生：大约十万人中才可能找到一个有适合骨髓的人，在台湾找到了与小钱骨髓适合的人。

师：对，可以说台湾青年的骨髓是小钱生存的希望啊！

四、品读课文，感受人物品质

师：杭州的小钱静静地躺在病床上，是无奈，是等待。与此同时，在海峡的彼岸，台湾青年也是静静地躺在病床上。（课件呈现小钱和台湾青年静静躺在病床上的句子）

师：台湾青年静静地躺在病床上是为什么呢？

生（齐声）：捐献骨髓。

师：那他是在怎样的情况下、怎样的环境中静静地躺在病床上呢？请同学们细读课文，从文中找一找，画一画，想一想。

（学生交流）

生1：在大地的余震中，台湾青年静静地躺在病床上。

生2：在地震后不知家人是否平安无事的情况下，台湾青年静静地躺在病床上。

生3：在突如其来的余震使针头从肌肤里脱落的时候，台湾青年静静地躺在病床上。

生4：在大家都跑到空旷的地方寻求安全的时候，台湾青年静静地躺在病床上。

师：在这样复杂多变的情况下，青年能静静地躺在病床上捐献骨髓是多么的不容易！是什么力量让他这么做呢？他是怎么想的呢？我们再认真读读第3~5自然段，透过文字，努力走进台湾青年的心里。

（学生静读品味）

师：你们读懂了台湾青年的心吗？你们真正了解他吗？

师:如果你就是那位台湾青年,就你当时心里所想,你愿意接受我的采访吗?

师(模仿记者):你的事迹感动了我,也感动着所有的中国人。请问:在当时大地余震时,你躺在病床上,你害怕过吗?

生1:害怕,但是我一想到杭州的小钱急需我的骨髓我就有了勇气。

生2:不害怕,因为我相信我一定能救小钱,相信大家都是想救小钱的。

师(模仿记者):你很勇敢。你知道吗?这次地震,造成了2400多人死亡,逾万人受伤。地震过后,大家都忙着寻找亲人,抢救亲人。难道你不担心你的家人吗?

生:我唯一担心的就是我的亲人,不知道他们现在怎么样?我一抽完骨髓就会赶紧去寻找他们的。

师(模仿记者):最后一个问题,据我所知,你这次捐献的对象是大陆一位青年,也许这辈子你们都不能相见,也许他都不能向你当面致谢,难道你不遗憾吗?

生1:不遗憾,我的骨髓能让一个年轻的生命重新绽放光彩,是多么有意义的事情啊!

师:说得真好!

师:同学们,你们已经读懂了课文,读懂了台湾青年那颗善良的心。他是这样想的,更是这样做的。我们一起读这句话:“经过一次又一次的努力,利用大地震动暂停的间隔,台湾青年的骨髓,终于从身躯里涓涓流出……”

涓涓流出的不仅仅是骨髓,还是——

生1:还有血!

师引导:那是看得到的,看不到的还有什么呢?

生1(激动地):流出的是台湾青年的爱心。

生2:流出的是小钱生的希望。

师:其间,有个了不起的人一直在默默地工作着,他就是李博士。(板书:李博士)请同学们画出描写李博士的句子,哪些地方触动了你,可以在旁边写上感受。

（学生交流）

生1：读句子“针头向皮肤刺去，一阵突如其来的余震，使针头从肌肤里脱落，李博士不得不停止工作。此时此刻，跑到空旷的地方才比较安全。但是，李博士仍沉着地站在病床旁”，面对地震他却没有动摇，我从“沉着”一词读出了李博士面对地震没有害怕。

师：体会得很好，用你的朗读表达你的体会。

生2：我从“经过一次又一次的努力”读出李博士需要一次又一次地专注精力去抽取骨髓，但当时的情况又是那样的危险，可是他没有去想这些，只想着手术的成功。

生3：开始说“骨髓移植专家李博士正步履匆匆地走进手术室”，觉得他救人的心情非常迫切，一刻也不想耽误。

生4：“李博士带着刚抽取的骨髓，经过十几个小时的奔波，赶到杭州，和当地的医护人员一起连夜为小钱做了骨髓移植手术。”我从这里看出李博士连续工作了几十个小时，从“奔波”“连夜”可以看出来他在争分夺秒，他想早点救治小钱。就像开头姚明说的：有什么比生命更重要吗？我想李博士也是把生命看得高于一切。

师（深情地）：同学们知道李博士当时多大岁数了吗？

（学生摇头）

师：他已经是64岁的老人了，可他一连工作了几十个小时。

（此时有些学生的眼圈已红了）

一起读课文第5、第6自然段。

师：像这样抓住关键词句，谈自己的体会感悟，就叫作品读。品读有利于我们深入理解文章。（板书：品读，理解内容）

师：在品读中我们认识了这位医术高明、医德高尚的李博士，他就是大名鼎鼎的李政道博士。这里有相关的阅读链接，会帮助你更好地感受人物。

（出示阅读材料，学生快速浏览）

五、深情朗读，领悟课文主旨

师：正是因为台湾青年的舍己为人，正是因为李博士的沉着奔波，正是因为无数爱心人士的帮助，小钱得救了。这朵18岁的生命之花得以绽放，我们为小钱的得救由衷地高兴。请同学们融入你们的那份感情，自己试着读最后一个自然段。

师：如果你就是小钱的同学，是和他朝夕相处、亲密无间的同学，你听到小钱得救了，心情会怎样呢？不用说，让你的朗读告诉我。

（生读）

师：如果你就是小钱的父母，为他担惊受怕、操碎了心的父母，你听到小钱得救了心情会怎样呢？不用说，让你的朗读告诉我。

（生读）

师：爱心让故事有了完美的结局，我们都为小钱得救而激动。

（配乐齐读）

师：像这样融入感情、声情并茂的读就是朗读。语文课中就要听到你们琅琅的读书声。（板书：朗读，声情并茂）

师：现在我们对课题中的“生命桥”一定有了更深的理解，谁愿意来谈谈？

生1：“生命桥”是台湾青年和大陆小钱之间架起的一座爱心桥。

生2：台湾人和大陆人是血脉相连的，我们是一家人。

生3：虽然远隔海峡，但生命的种子依然传递了过来，这是一座看不见的生命桥。

师：爱心架起了跨越海峡的生命桥，爱心使年轻的生命得以绽放，爱心感动了你我他，让我们在一曲《爱的奉献》中结束本次的读书之旅吧。谢谢同学们给高老师带来的感动。

附：板书设计

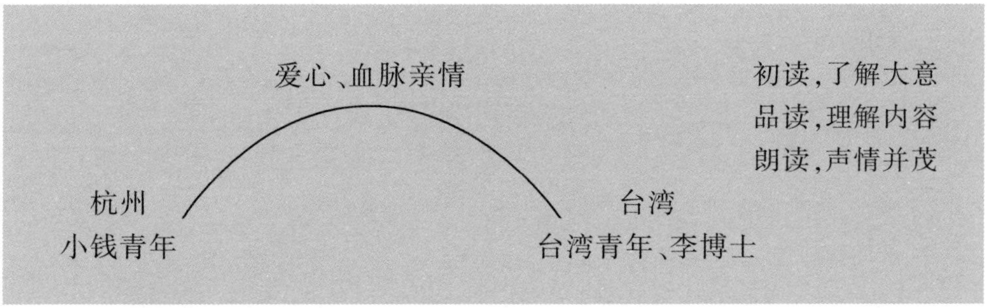

※ 整体设计思路 ※

1.以读代讲。文章感人而生动，适合朗读训练。力求通过不同层次、多种形式的朗读，稳步推进，螺旋上升，指导学生从读中感悟，从读中理解；引领学生走进文本，受到情感熏陶。

2.注重方法指导。初读，引导学生了解文章大意；品读，学会抓关键词句体会感悟；朗读，指导融入感情，声情并茂。

《假如》教学设计

◎ 王雅琪

※ 内容来源 ※

人民教育出版社 2001 年版《语文》二年级上册第六组

※ 教学目标 ※

1.初步认识本课的 9 个生字,并且会写"良、缩"2 个字,做到生字书写美观。

2.通过教师的范读、领读,学生的自读、齐读,让学生能正确、流利、有感情地朗读课文。

3.理解课文内容,培养学生关爱他人、关爱环境的意识。

※ 教学重难点 ※

教学重点:有感情地朗读课文。

教学难点:启发学生关爱他人、关爱环境。

※ 教学安排 ※

两课时

※ 教学过程 ※(仅展示第一课时)

一、谈话导入,激发兴趣

师:同学们,上课之前,我们先来认识一位神通广大的小朋友。(播放《神笔马良》的片段）马良用自己的笔画出了好多东西，用来帮助很多人，假如（相机板书课题）你也有一枝这样神奇的笔，你准备怎么用呢？谁来说一说？咱们今天的这位小作者，他可是很有自己的想法的，让我们一起去看看吧！

设计意图：运用学生喜欢看故事的心理来激发他们的学习兴趣和情感世界，为学习课文营造氛围，做情感铺垫。

二、初读课文，整体感知

1.认识生词，初读课文。

师：同学们，请打开课文，用自己喜欢的方式读课文，可以借助枫叶和苹果上的拼音读准字音，读顺课文。（学生完成任务之后，用动作告诉老师）

师：孩子们坐得真端正，看来这点任务可难不倒大家，那让老师来考考大家吧！（出示带拼音的生词：马良、缩着、遥远、寻食、哭泣、健康、操场、叹息）请同学们看屏幕。（指名读）哪位小朋友来说说他认得准确不准确？读得声音洪亮不洪亮呢？（"小老师"领读）我们的"小老师"可真有老师的样子，读得准确又响亮！（集体读）同学们精神饱满，这些生词宝宝丝毫没有难住大家。

师：带拼音看来大家都认识，老师来给大家加大一点难度，看大家能不能打败它们。（屏幕出示没有拼音的生字，学生以小组形式赛读）咱们小组的心可真齐啊，每个孩子都生怕落在别人后面，都紧盯黑板，读准这些生字，没有拼音这个小拐杖，大家一样能认准！

师：看见大家这么喜欢生字宝宝，它们有点害羞了呢，它们躲进句子里面了，你还能找到它们吗？（指生读）看来你是迫不及待地想让生字宝宝出来和你玩呢，找得又快又准。（学生齐读）

师：同学们已经和这些生字宝宝熟悉了，想不想和它们成为好朋友呢？让我们尝试着把它们的名字写出来吧。请观察这两个生字——"良、食"（课件出示），注意观察一下字的占格位置、间架结构，哪位同学愿意来讲解一下这两个生字呢？注意"良"的最后一笔和"食"的最后一笔是有区别的。（老师指导书写并且相机评价，展览优秀范字）

师:这些生字宝宝可真调皮,和我们成为好朋友之后它们却又玩起了捉迷藏,藏进课文中去了,让我们一起来读一读吧。读了课文,老师相信你们就知道作者的愿望是什么了。(学生齐读)

师:谁来说一说作者的愿望是什么?(指名回答)

生1:我要给窗前的小树画一个红红的太阳。

生2:我要给树上的小鸟画许多好吃的谷粒。

生3:我一定给不幸的朋友西西画一双好腿,还他一个健康的身体。

设计意图:学生根据要求预习课文,将生字带到课文中,巩固生字,学写生字。

2.指导朗读,明确要求。

师:找得可真准确啊,你能读一读这三个愿望吗?(指名读)愿望还没有实现,所以很期盼愿望能够成为现实,读的时候我们要读出对愿望的期盼,先听老师读一读。(老师范读)同学们一起来跟老师读一下。(师生齐读)通过我们的朗读,老师感觉得出来,同学们和老师一样都希望文中小朋友能够梦想成真。

师:这三个愿望,我们还可以连成一句话呢,谁愿意来试一试?(多媒体出示:"你能用'我用马良的神笔给……给……和给……'说话吗?"指生回答)谁还能用这样的方式再来说一说?(学生回答)

师:让我们一起来用刚才教给大家的读书方法再读一读课文。刚才读的时候我发现有的孩子都可以不看屏幕了,你的记忆力可真好!相信还有不少孩子也记住了,我们不看屏幕再来一遍。

设计意图:熟读成诵是传统语文教学的宝贵经验。这里说的"读",也应是让学生在理解词句的基础之上去读,这样才能悟出文章所表达的思想感情。这里设计的习题目的在于从文章中找出课文关键语句,理清课文整体思路,有助于理解并且进一步熟悉课文内容,为下面的课文理解做铺垫。

三、再读课文,深入探究

1.第一小节。

师:文中小朋友的愿望还不少呢,为什么会有这些愿望呢?请同学们先一起来读一读第一小节。学生齐读。

师：小作者为什么要给小树画一个红红的太阳呢？

反馈交流：冬天，小树不会觉得冷了，可以快活地成长。

师：没有太阳的时候，小树会怎样呀？（生：小树在可怜地缩着身子。）小树可能会说些什么呀？（生：好冷啊！好难受啊！……）那么小作者给小树画了一个太阳，有了太阳，小树还会不会再叹息呢？对，小树就可以在太阳底下快活地成长了。怎样快活地成长呀？（生：树叶、树干……伸伸手，踢踢腿，一个劲地向上长。）小树好高兴呀！

师：相信小朋友们看到小树快活地成长也一定很高兴，你是不是也忍不住这种兴奋呢？那么就用高兴的语气自己先来读读看这一小节吧！（课件出示："假如我有一枝马良的神笔，我要给窗前的小树画一个红红的太阳。让小树在冬天也能快活地成长，不会在寒冷的北风里缩着身子，轻轻叹息。"学生自读，老师指名读）

点评：大家都是爱护小树的好孩子。

学生齐读。

2.第二小节。

师：下面请四人小组合作学习第二小节，边读边思考：小作者为什么要给树上的小鸟画许多好吃的谷粒？

反馈交流：小鸟不会挨饿，鸟妈妈不用再去遥远的地方寻食。（答案多元化）

师：大家想一想这会是一幅什么样的画面：一大早，鸟妈妈就飞很远给孩子找食物，飞啊飞啊，找啊找啊，小鸟在家等啊等啊，还是不见妈妈回来。小鸟饿了，很饿很饿，它很痛苦地哭着喊着，那么，这时候小鸟会说什么呢？（生：妈妈我饿……）

师：现在有了马良的神笔，鸟妈妈再也不用那么辛苦了，小鸟就能吃到好多的食物。如果你是鸟妈妈或者小鸟，这时你的心里会怎样想呢？（生：开心，高兴。）

师:小鸟开心什么?鸟妈妈开心什么?此时它们高兴的心情,你能用朗读表达出来吗?

学生自由读,老师指名读,学生评价。学生齐读。

3.第三小节。

师:下面请四人小组合作学习第三小节。思考:为什么小作者一定给不幸的朋友西西画一双好腿,还他一个健康的身体?

反馈交流:因为他是小作者的好朋友,他有健康的身体了就能和小作者一起玩,一起快乐地成长。

师:西西和我们大家有什么不一样呀?(生:我们可以奔跑、跳跃,自由地游戏,但西西只能待在家里,一个人孤单地和小树小鸟做伴。)

师:西西真不幸啊,太可怜了。现在好了,有了马良的神笔,西西恢复了健康,那你们一定很高兴,你能用高兴快乐的语气来读读吗?

学生自读;老师指名读,学生评价;同桌读,学生齐读。

师:如果你是西西,你的好朋友帮你恢复了健康,让你可以自由快乐地成长,你最想对你的好朋友说些什么呢?

学生交流、汇报。

设计意图:在交流和汇报环节中,充分发挥教师的主导性和学生的主体性。学生通过交流和教师的引导,理解了用哪种感情来朗读课文,潜移默化地将关爱他人的实现渗入思想之中。

四、拓展延伸

师:学到这里,我们知道了小作者三个美好的愿望,他那时的心情是那么的快乐、那么的兴奋。那么,你有什么最想实现的愿望?能模仿课文的句子,也来当当小作家吗?

写作交流,师生评价。

设计意图:在本环节中,设计了写作交流和评价环节,在学生学习课文的基础上及时拓展延伸,达到巩固学习效果的目的。

五、课堂总结,升华主题

总结:今天我们学了《假如》不但帮小作者实现了愿望,还让大家实现了许多美好的愿望,说明同学们都是很有爱心的好孩子。希望我们齐心协力,一起爱护我们的地球妈妈,让我们的家园变得更加美好!

设计意图:适时进行小结,再次抓住此类问题的核心,这个过程就是找规律、找方法的过程。

附:板书设计

假　如

小树	神笔	一个红红的太阳
小鸟		许多好吃的谷粒
西西		一双好腿

《白鹅》教学设计

◎ 张　莉

※ 内容来源 ※

人民教育出版社 2012 年版《语文》四年级上册第四组

※ 教学目标 ※

1.认识“颈、厉”等 8 个生字，会写“颈、郑”等 12 个生字，能正确读写“高傲、郑重、厉声、京剧、倘若、侍候、脾气、供养、邻近”等词语。

2.能有感情地朗读课文，背诵自己喜欢的段落，摘录、积累好词佳句。

3.了解白鹅的特点，体会作者对白鹅的喜爱之情。

4.学习作者抓住特点的写作方法，体会作者用词的准确生动和幽默风趣。

※ 教学重难点 ※

了解白鹅的特点，学习作者抓住特点的写作方法。

※ 教学安排 ※

两课时

※ 教学过程 ※（仅展示第二课时）

一、反馈生字，导入新课

1.反馈会认的字。

师：同学们，我们班已经初学过《白鹅》这篇课文了，请看大屏幕，大家有信心读准这些字的字音吗？

（全班齐读，竖排检测，相机纠正字音）

2.反馈会写的字。

师：同学们对要求认读的字音掌握得很好，那么本文要求会写的字现在自我检测一下好吗？请看大屏幕，在自己的练习本上按照顺序写出词语，要求书写规范、正确。

（全班书写，屏幕出示答案，学生自我对照批改，课下纠正）

3.导入新课。

师：丰子恺先生笔下的白鹅，用一句话来说即是——“好一个高傲的动物！”本节课我们继续品读文本，了解这只高傲的白鹅。

设计意图：检测学生对生字的掌握情况，达成目标1，快速进入本课时的学习。

二、品读文本，体会写法

1.出示目标，小组内学习交流。

师：课文全篇只直接用了两个“高傲”，却让我们处处能体会到白鹅的高傲，你是从哪里感受到这只白鹅的高傲的呢？请同学们看阅读提示，完成学习目标。

学习提示：

目标1：独立默读课文，画出能表现白鹅“高傲”特点的词语或句子，并在旁边作出批注。

目标2：四人小组交流自己所画的词句和批注，求同存异，并在书中再次补充批注。

目标3：每个小组确定一名代表发言，准备班级交流。小组其他人员可作补充发言。

2.班级交流，品析文本。

片段一：

师：你是怎么理解“高傲”这个词语的？（学生回答）

师：对，看不起别人，自以为了不起，特别骄傲，这就是高傲。把这个词用在你们身上你们愿意吗？（学生回答）

师：都不愿意，那作者把这个词用在白鹅身上，他讨厌白鹅吗？你从哪些地方感受到的？（学生回答）

师：同学们真会阅读，读出了作者的言外之意。

片段二：

想象假如这只鹅会说咱们的汉语，它会说什么？我们一起来当当“鹅语”小翻译。（课件出示）：

我是“鹅语”小翻译：

凡有生客进来，鹅厉声叫嚣，好像在说：“____________________。”

篱笆外有人走路，鹅引吭大叫，好像在说：“____________________。”

狗将它的饭吃完，鹅便昂首大叫，好像在说：“____________________。”

片段三：

运用了对比的写法、拟人的写法及幽默的语言等。

设计意图：以目标带动学习，通过品读文章，让学生体会到白鹅的“高傲”，感受到作者的语言风格及写作特点。

三、积累运用，读写结合

课文用准确的词语和生动的事例写出了鹅的高傲。你愿意把自己当作一只高傲的白鹅，向别人介绍自己吗？

出示“快乐写话卡”：

我是一只________的白鹅。____________________________

师：同桌学习小伙伴练习说说。

指名展示。

设计意图：通过写话练习，使学生更深刻地了解白鹅的高傲。

四、拓展延伸，迁移升华

师：这么一个令人喜欢、如此有趣的家伙，谁能把它忘了呢？难怪作者在这篇文章的原文中曾这样写道：

（课件出示）我的房子要卖的前几天，我把这白鹅送给了远方的友人，送出的几天之内，总感觉自己与一个朋友诀别了，心中十分的留恋。

师：丰子恺老先生在留恋什么呢？（学生回答）

师：是啊，这只白鹅赢得了丰子恺先生的喜爱和不舍，其他作家笔下的白鹅又有什么特点呢？

出示描写鹅的句段，师读、生读。（课件出示）

1.它们的羽毛洁白而密，高高地扬着头颅，一副不羁的样子，悠然浮在水面，几束阳光射在它们身上，像是在发光。

2.白鹅在水鸟家族中总也仗着它优美的舞姿、标准的身材、轻盈的水上芭蕾，以它尊贵高雅的舞姿以大欺小，在水鸟们中间称霸。

3.它浑身雪白，眼睛水灵灵的。特别是它走路的姿势，颇像京剧里当官的人出场。

4.嘿，它真跑到大门边高高地昂着头，神气地来回地走，一副盛气凌人的样子。

5.大白鹅昂着头，一副骄傲的样子，并且还"呜哇呜哇"地唱着歌。

师：看了这些描写白鹅的语句，你有什么想说的没有？

生1：有相同，又有不同。

生2：作者都对它们有着喜爱之情。

…………

师：大家都有一双善于发现的眼睛。

师：正是作者对所写动物的喜爱，一个个栩栩如生的可爱小动物才跃然纸上，再加上作者巧妙的写作手法，使读者如亲眼所见。第14课《白公鹅》与本课写的是同一种动物，让人读起来既有相同的感觉，好像又有不一样的滋味。那么，这两篇文章究竟有哪些相同和不同呢？让我们期待下节课的学习。下课！

设计意图：通过阅读拓展延伸，激发学生的阅读兴趣，对比感知不同作者笔下动物的相同及不同。

附:板书设计

白　鹅

	叫声	
好一个高傲的动物	步态	喜爱之情
	吃相	

《尊严》教学设计

◎ 贾盈盈

※ 内容来源 ※

人民教育出版社 2009 年版《语文》四年级下册第二组

※ 教学目标 ※

1.体会文中描写人物外貌、动作、语言的句子，从中感悟人物形象，懂得什么是尊严。

2.理解杰克逊对女儿说的话："别看他现在什么都没有，可他百分之百是个富翁，因为他有尊严。"

3.通过理解课文内容，使学生从不同的人物身上体会到一些做人的道理。

※ 教学重难点 ※

教学重点：体会文中描写人物外貌、动作、语言的句子，从中感悟人物形象，懂得什么是尊严。

教学难点：理解杰克逊对女儿说的话——"别看他现在什么都没有，可他百分之百是个富翁，因为他有尊严！"

※ 教学安排 ※

两课时

※ 教学过程 ※（仅展示第二课时）

一、简单回顾，激发兴趣

（一）读课题，回顾课文内容

同学们，上节课我们对《尊严》这篇课文有了初步的了解，下面请同学们回忆，课文讲述了一件什么事？谁来说说？

出示：这篇课文先讲了（　　　　　　），再讲了（　　　　　　），最后讲了（　　　　　　）。（板书：哈默　杰克逊）

回答得真精彩！

（二）复习词语

复述课文内容就应该做到完整，有层次，请看大屏幕（出示词语），还记得这些词语吗？谁来读一读？

朴实　逃难　善良　款待　例外　喉结　赞赏　捶背　僵硬　许配　狼吞虎咽　面呈菜色　疲惫不堪　骨瘦如柴　脸色苍白

记得真清楚呀！这些词语中哪些是描写人物外貌的？哪些是描写人物动作的？同学们不仅要牢记这些词语，还要做到学以致用。那么，"例外"又是来形容谁的？（哈默）

设计意图：通过读课题激起学生对课文内容的回忆，进而复述课文。从复习生字词入手，促进语言积累，鼓励学以致用，引出"例外"。温故而知新，直接由"例外"切入本节课重点内容的学习。

二、"例外"入手，深入解读

（一）理解"例外"的含义

通过上节课的学习，我们知道在逃难人群中，哈默的表现最为例外。"例外"是什么意思？翻开书，找一找在哪儿。同学们找得太准确了，从这个描写哈默外貌的句子中你觉得哈默此时的情况怎么样？此时的哈默最需要什么？

出示：此时的哈默需要（　　　　　），需要（　　　　　），需要（　　　　　）。

其实所有逃难的人都有这些需要，当食物摆在他们面前时，其他逃难的人连一句感谢的话也顾不上说，就狼吞虎咽地吃起来，可哈默却是一个例外！这究竟是为什么呢？

（二）学习课文第2~5自然段

请同学们默读课文第2~5自然段，画出你认为表现哈默例外的句子，在旁边简要写出你的体会。读读你认为表现哈默例外的句子，并谈谈你的体会。（已完成的同学可以默读）

1.交流语言一。

相机出示：当镇长杰克逊大叔将食物送到他面前时，他仰起头，问："先生，吃您这么多东西，您有什么活儿需要我做吗？"

（1）想一想，哈默说这句话时，心里究竟是怎么想的？

你通过语言走进了哈默的内心。（直接往下引导）

总结：是呀，他不想接受别人的施舍，不想不劳而获，他要自食其力，即使他现在只是一个一无所有的逃难者！（板书：自食其力）

（2）出示"仰起头"，抓住"仰起头"这个动作，体会哈默的真诚、有礼貌……

再读这句话，注意他说话前的动作，从中你还体会到了什么？（板书：礼貌）

（3）指导朗读，表现出哈默的态度真诚。

让我们也像哈默这样礼貌地问问杰克逊大叔吧。（指名读，两人一起读）

（联系杰克逊大叔内心的想法，感知哈默的"例外"）听了哈默的话，杰克逊大叔是什么反应？（指名读）看来，哈默想要自食其力的做法令杰克逊大叔感到很意外呀！

学法总结：同学们，刚才你们抓住了哈默的语言和动作了解了他的想法，这可是一个很好的学习方法。接下来让我们继续使用这种学习方法来了解哈默吧。

2.交流语言二。

相机出示：这个年轻人的目光顿时灰暗了，他的喉结上下动了动，说："先生，那我不能吃您的东西，我不能不劳动，就得到这些食物！”

(1)引导学生结合前文，抓住提示语中的“顿时”“灰暗”等词语(联系上文的方法理解)，体会哈默听到没有活干时的失望；抓住“喉结上下动了动”这一细节描写，体会哈默此时的饥饿等矛盾心情。

(2)从哈默的语言“不能不……”及“！”体会他面对失望仍然态度坚决的语气。

总结：尽管哈默很失望，尽管他很饥饿，但他还是坚决地拒绝了这些食物。如果你就是哈默，你会怎么说这句话呢？此时的哈默身体很虚弱，已经毫无力气，语调并不激昂，可字字透露着坚决！

(3)指导朗读。指导学生根据自己的理解，读出哈默坚决的语气。

(纵向指导：自由练读—指名读—师范读—生再读—齐读)

哈默拒绝了这些食物会怎么样？即使这样，他还是在坚持用劳动来换取食物呀！(板书：坚持)

(联系杰克逊大叔的想法，感受杰克逊大叔的真诚，理解哈默的“例外”)此时的杰克逊大叔又是什么反应？(指名朗读)看来，哈默的坚持促使杰克逊大叔编了一个善意的谎言，杰克逊大叔希望哈默先吃饭再干活。

3.交流语言三。

相机出示：“不，我现在就做，等做完了您的活儿，我再吃这些东西！”年轻人站起来说。

(1)从语言中体会哈默态度的坚定、急迫。

(2)从“站起来说”这个动作体会哈默的心情。(如高兴、迫切)

(3)练习朗读，表现哈默的心情。(横向指导，学生互评)

此时的哈默已经饥饿到了极点，但他仍然坚持先干活再吃饭，他真坚强呀！(板书：坚强)

(联系杰克逊大叔的想法和赞赏的神情，初步体会哈默“例外”——维护尊严的言行的意义)此时杰克逊大叔又做何反应？(指名读)是哈默的坚强深深地打动了杰克逊大叔。

同学们，让我们一起读一读哈默与杰克逊大叔的对话，再次体会哈默那与众不同的人格吧！

学法总结：同学们，你们通过对哈默的外貌、动作、语言的分析，了解了哈默。作者正是抓住了哈默的外貌、动作、语言，向我们展现了一个与众不同的哈默。如果你在描写一个人物时也从这几方面描写，相信你的文章也能打动人。

4.思考。

最后，哈默靠自己的劳动换取了食物，他立刻狼吞虎咽地吃起来。同样的"狼吞虎咽"，哈默吃着食物时的感觉和其他逃难人一样吗？为什么？此时的他用自己的劳动仅仅得到了食物吗？

相机出示：哈默拥有（尊严）及别人对他的（尊重）。这正是哈默的例外之处呀！

（三）理解杰克逊大叔的话

1.是呀，一个人在穷困潦倒、逃难流亡之际，仍坚守着自己的尊严，还有比这更可贵的吗？我们来看一看杰克逊大叔是怎么评价哈默的。

相机出示杰克逊的话："别看他现在什么都没有，可他百分之百是个富翁，因为他有尊严！"

2.指导朗读。

谁愿意演一下杰克逊大叔，读读这句话，你的朗读最想突出什么？（学生齐读）

总结：尊严是无价的，它比任何东西都宝贵、都重要。人只要有尊严，就会坚持努力，直到成功，创造巨大的财富。这就是尊严的价值所在！二十多年后，哈默果然取得了巨大的成功，成为世界瞩目的石油大王，杰克逊大叔预测得这么准确呀，太神奇了！再说说杰克逊大叔是一个什么样的人。细心的同学会发现，在和哈默的对话中，杰克逊大叔一直称呼哈默"您"，从这里你感受到了什么？（板书：善良　尊重他人　善解人意　看重人品）

（四）总结全文

同学们，通过学习，我们知道哈默是一个有尊严的人，杰克逊大叔是一个真正懂得什么是尊严的人，这就是课文的题目叫作“尊严”的原因，也是这篇课文的独特之处。让我们认真、细致、完整地读一遍课文，再细细品味一番吧！（学生齐读）

设计意图：《语文课程标准》指出，语文素养重在“综合”，它以语文能力（识字与写字、阅读、习作、口语交际）为核心，是语文能力和语文知识、语言积累、审美情趣、思想情感、思维品质、学习方法、学习习惯等的融合。

根据这一标准，在学习文章重点段的环节的设置上，我尽力向这方面靠拢。抓住“文眼”——例外，从描写哈默的语言、外貌、动作的句子入手，让学生先默读自学，自读自悟；然后联系上下文，理解词句的意思，体会课文中关键词句在表情达意方面的作用，如杰克逊大叔的心理活动和语言，交流自己的阅读感受，进一步感受哈默的优秀品质；最后在朗读中再次感悟，同时借助老师在学习方法方面的指导，突破本课的重难点。

三、课外延伸，深化主题

（一）联系生活谈尊严

通过学习，我们知道在哈默和杰克逊大叔身上处处闪耀着尊严的光芒，相信你对尊严有了更多的理解，你认为尊严是什么呢？其实尊严无处不在，还可以结合你在生活中的所见所闻谈一谈。

师总结：尊严是做人之本。人一定要有尊严！（板书：尊严——做人之本）

（二）深化尊严主题

在这节课的最后，让我们齐读课题——“尊严”；让我们把尊严铭记于心吧，再读——“尊严”；让我们把尊严融入自己的灵魂深处吧，再读——“尊严”。因为人一旦失去了尊严，这个人就失去了做人的意义！

设计意图：听贾志敏老师的课时，有一句话给我留下了极为深刻的印象：“语文课，指的是在课堂上，老师以课文为例子，教学生说话，教学生写话。”而这一环节的设置就是从尊严入手，让学生说话，加强口头表达能力的训练，同时深化主题，让学生深切地认识到尊严是做人之本，人一定要有尊严。随着对课题的三次朗读,使学生一次比一次更加深入地感受尊严的可贵,体味人不能没有尊严,教给学生做人的道理。

附:板书设计

尊严——做人之本	
哈默	杰克逊
自食其力	善良
礼貌	尊重他人
坚持	善解人意
坚强	看重人品
……	……

设计意图:随着对课文重点段第2~5自然段的深入分析到对尊严内涵的深化,板书内容相应地发生变化,最后擦掉板书,让学生深刻地体会到人一旦失去了做人的尊严,这个人就失去了做人的意义,引起学生的思考。

《临死前的严监生》教学设计

◎ 赵利霞

※ 内容来源 ※

人民教育出版社 2009 年版《语文》五年级下册第七组

※ 教学目标 ※

1.会认“侄、痰”两个生字,会写“监、侄、郎”三个生字,能正确读写“监生、侄子、穿梭、郎中”等词语,理解白话文用词的古今异义。

2.正确、流利地朗读课文,在品读中感受严监生这个鲜活的人物形象。

3.理解课文内容,学习作者抓住人物的动作、神态细节刻画人物的方法。利用课文留下的空白,补充人物的心理活动。

4.通过片段,激发阅读中外名著的兴趣。

※ 教学重难点 ※

教学重点:品读鉴赏作者高超的讽刺艺术、经典的细节描写,学习作者巧抓人物动作、神态刻画人物性格的写作方法。

教学难点:揣摩作者刻画人物的方法及其妙处,并尝试迁移运用到自己的习作中。

※ 教学安排 ※

一课时

※ 教学过程 ※

一、激趣导入，板书课题

1.同学们，我们先来做个猜猜看的游戏。请大家听老师的描述猜人物，比比谁猜得既快又准确。

手持金箍棒，捉妖降魔，七十二变。（孙悟空）

神机妙算，足智多谋，手持鹅毛扇。（诸葛亮）

武艺超群，酒量过人，赤手空拳打死老虎。（武松）

少年英雄，三头六臂，带有六件法宝。（哪吒）

2.板书课题，指名读，强调“监”的读音及写法。

设计意图：猜人物，感知人物的鲜明个性，目的是激发兴趣，自然引入新课的学习。

二、初读感知，检查预习

1.检查字词，扫清阅读障碍。

（1）出示词语，指名朗读，及时正音。

穿梭　滴溜圆　两茎　挑掉　揩揩眼泪　一日重似一日　诸亲六眷　一声不倒一声　总不得断气　已后　那里　哥子　记念　登时　灯盏

（2）出示词语，正确认读、理解。

诸亲六眷　郎中　哥子　医家　穿梭　一茎灯草　插口　记念　登时　故此

2.初读整体感知。

（1）指名逐句读课文，相机指导字音、断句。

（2）默读课文，边读边想：严监生临死前是一个怎样的情景？

（3）出示《儒林外史》中对严监生家境的相关介绍：

严监生家有十多万两银子，仆人无数，良田万亩。除此之外，在县城里还有铺面二十多间，经营典当，每天收入最少也有几百两银子。

读了这段话你了解到他家境怎么样？一般情况下，这样有钱的人在临死前会怎么做？

设计意图：疏通字词句关，为顺利理解文本，感知人物形象做好铺垫。借用资料介绍严监生，对学生感知人物形象——吝啬，起到很好的铺垫作用。

三、细读课文，感受形象

1.再次读课文，你能快速找到有关严监生临死前非同一般的举止的语句吗？

学生回答。出示：严监生喉咙里痰响得一进一出，一声不倒一声的，总不得断气，还把手从被单里拿出来，伸着两个指头。（板书：两根手指）

学生再读这句话，说说读出了什么。

A.病重（形容病重的词语有：病入膏肓、奄奄一息、生命垂危、危在旦夕……）说说哪些词语给了你这样的感受？

B.就是这样一个（病入膏肓、奄奄一息、生命垂危、危在旦夕……）的严监生，却总不得断气。总不得断气就是……（一直没有断气），这里的“总”就是（一直）。从一个“总”字，你体会到了什么？（有心事放不下）

C.指导学生融入这样的感受进行个性化朗读。

2.品读猜测。

（1）仔细默读课文，用横线画出他旁边的诸亲六眷是怎么认为的，用波浪线画出严监生分别是什么样的反应。

A.出示：

大侄子走上前来问道：“二叔，你莫不是还有两个亲人不曾见面？”他就把头摇了两三摇。

二侄子走上前来问道：“二叔，莫不是还有两笔银子在那里，不曾吩咐明白？”他把两眼睁的滴溜圆，把头又狠狠摇了几摇，越发指得紧了。

奶妈抱着哥子插口道：“老爷想是因两位舅爷不在跟前，故此记念。”他听了这话，把眼闭着摇头，那手只是指着不动。

B.指名说。师生对读，老师读有关严监生反应的语句。指导学生从严监生的动作、神态感受严监生的着急、生气、绝望。有感情地齐读。

C.假如严监生此时要说话，请同学们猜猜他会对大侄子说什么。学生自由地互相说一说。

D.学生展开想象写话，老师巡视。

E.学生交流。

过渡语：看赵氏怎么说的——“爷，别人都说的不相干，只有我能知道你的意思！……你是为那灯盏里点的是两茎灯草，不放心，恐费了油。”赵氏认为，两根手指的意思是用两茎灯草怕费了油。（板书：两茎灯草）

（2）此言一出，再来看严监生。

出示：众人看严监生时，点一点头，把手垂下，登时就没了气。

A.从“点一点头”，你明白了什么？这真可谓知夫莫若妻呀！

B.这个因为多点了一茎灯草而死不瞑目的严监生是一个什么样的人呢？

学生回答，教师板书：守财奴、吝啬鬼、铁公鸡。

3.归纳总结。

一个家财万贯的严监生临死前牵挂的不是银子，而是（两茎灯草）；不是两个亲人，而是（两茎灯草）；不是两位舅爷，而是（两茎灯草）。除了灯草还是灯草。现在，提到严监生，你必定会想到他的经典动作——伸出两根手指；提到严监生，你必定会想到他是一个什么样的人。（守财奴、吝啬鬼、铁公鸡）

设计意图：学生对事物的认识是多维的，有着惊人的想象力与创造力。利用课文留下的空白，补充人物的心理活动。让学生根据学到的方法，抓住关键词语，展开想象，提高学生的语言表达能力。

四、拓展运用，明晰写法

1.同学们，短短三百多字就让我们深切地感受到了一个守财奴、吝啬鬼、铁公鸡的形象。谁能说说作者是用什么方法刻画人物形象的？（动作、神态）让我们再来读读这些句子。

出示：

严监生喉咙里痰响得一进一出，一声不倒一声的，总不得断气，还把手从被单里拿出来，伸着两个指头。

他就把头摇了两三摇。

他把两眼睁的滴溜圆，把头又狠狠摇了几摇，越发指得紧了。

他听了这话，把眼闭着摇头，那手只是指着不动。

众人看严监生时，点一点头，把手垂下，登时就没了气。

(1)再读读这些语句。这些语句的描写都抓住了人物的哪些部位展开？

(2)抓住了手指、眼神，那么在这几次描写上你发现这些神态、动作有什么变化？

(3)作者为什么不用语言描写来刻画严监生？(因为严监生已经病重得一连三天都不能说话了，那样写就不真实了)所以我们在描写人物时，应该选用恰当的描写方法。

2.了解其他文学名著中的吝啬鬼形象。

严监生是中国文学史上有名的吝啬鬼形象，欧洲文学中也有这样经典的人物形象。出示语句，指名读，学生说听后感受。

葛朗台阴森森的老房子年久失修，楼梯踏级都被虫蛀坏了，女仆差点摔了跤，他还怪她不挑结实的地方落脚；每一顿饭的面包食物、每一天要点的蜡烛，他都亲自分发，一点儿不能多；女儿生日那天，有客人来，只不过多点了一支蜡烛；他限制妻子的零用钱，连别人送给她的一点，也要想方设法刮走；来了亲戚，他不让加菜，吩咐佃户打些乌鸦来煮汤；妻子卧床不起，他首先想到的是请医生得破钞。

他就是——巴尔扎克笔下《欧也妮·葛朗台》中的葛朗台。当然如此吝啬的还有泼留希金、夏洛克、阿巴贡。这四位吝啬鬼，年龄相仿，脾气相似，有共性，但在作者笔下又有各自鲜明的个性特征。有兴趣的同学，课下可以进行阅读。

设计意图：出示与文本有异曲同工之妙的片段，激发学生阅读中外经典名著的兴趣。

五、延伸课外,拓展阅读

同学们还记得课前的猜猜看游戏吗?我们现在继续猜猜看。这么一个守财奴会不会在他的大老婆王氏生病时花大钱治病?会不会在大老婆去世时,花钱大办丧事?会不会在他大哥犯法时,花钱免灾?看来吝啬鬼、守财奴的形象扎根在你们心里了。同学们,事实上你们猜得对不对呢?课下读读这本《儒林外史》找找答案吧。

设计意图:由课内学习,拓展延伸到课外阅读。

附:板书设计

临死前的严监生

两根手指——两茎灯草

守财奴、吝啬鬼、铁公鸡

静忆花事：教育故事

与孩子一起读《世界为谁存在》

◎ 王　珣

我曾经教过一个男孩，他天真活泼，成绩优异。不知怎的，有段时间，这个孩子上课总是不能专心听讲，作业也没有以前写得那么认真了，下课后还常常一个人坐着发呆。想问问原因，可他见到我时，好像有意避开似的，很快溜走了。到底怎么回事？我决定到他家了解一下情况。

按照学籍表上的地址，我顺利地到了他家。一处低矮的平房，门敲了半天才开。原来孩子正在给生病的母亲做饭。得知是老师来家访，病床上的母亲很激动，在孩子的搀扶下坐了起来，她哽咽着告诉我，她和孩子的父亲下岗多年，全靠打工维持生计。最近她又病倒了，孩子每天放学回来，不仅要去捡些易拉罐等废品换钱补贴家用，还要给她做饭熬药。似乎有预感，孩子的母亲反复问我，孩子的学习成绩是不是下滑了，我告诉她没有，她的孩子很优秀。

离开他家，母亲的忧伤、孩子的无助，始终在我心头挥之不去。我完全能够体会到这个十岁的小男孩长期以来承受着怎样的困难，而这样的困难几乎要压垮他稚嫩的双肩。如何才能让他尽快振作起来，战胜困难呢？一个念头在我心里快速产生。第二天，我把孩子叫到办公室，翻开一本崭新的绘本《世界为谁存在》。我们一起看着图画，我读着，孩子认真地听着。

这本书充满了智慧，栩栩如生的大自然场景、美丽的小动物、温馨的动物家庭，给孩子一种爱的启蒙，我是在告诉孩子他是被需要的，也是在告诉孩子世界为他存在，给予他强大的自信心，让他勇敢地成长。相信他能从看到的大自然里，感悟出一些人生道理。我跟他说："在困难面前，老师和同学们都是你坚强的后盾，这本书送给你。""谢谢老师！"此时孩子的眼里已经噙满泪水。

在大家的帮助下，很快我又看到了这个孩子纯真的笑脸，他恢复了以往的自信，并且比以前更加勤奋了。我知道，他是在以百倍的努力同困难抗争。

又到了周四，我们班照例举行了一次读书交流活动。这个男孩拿着我送给他的这本书，为大家讲述着这个平凡而又动人的故事。最后在推荐这本书时，他说："世界为了每一个生命而存在，世界也因为每一个生命而精彩。热爱生活，热爱生命，我们要勇敢快乐地生活。"

那一刻，孩子稚嫩的嗓音、坚定的眼神和自信的笑容永远定格在我的脑海中。

读书的故事

◎ 乔峰玲

中午还没有走到教室，就有一个小女孩跑到我身边，轻轻地告诉我："老师，小 X 在午托部不来上学了。"

小 X 是一个内向又害羞的男孩，圆溜溜的大脑袋，一双乌黑的眼睛总是在你问话的时候耷拉着，有时候还轻轻地抿着嘴角，仿佛一个秀气的小女孩。但他也是一个聪明的孩子，课堂上总是透出闪闪发亮的眼神，每次考试都能轻轻松松地考出好成绩。

注意到这个孩子是在一年级的时候。因为一年级的孩子识字量和写字能力有限，我在语文课堂上几乎没有训练过写话，更多的是让孩子说一说，画一画。就是在画一画的环节我们班的孩子一下子认识了他，对他刮目相看。不管画的是"春天来了"，还是"小松树长大后的样子"，他的作品在构图和着色方面，明显要比其他孩子的作品漂亮和丰富。那时候教室的文化墙上，经常更新的都是他的画。

可他也是一个执拗的孩子。他会仅仅因为迟到就不愿意再上学了，无论是他奶奶哄，还是他爸爸批评，都不管用。很多时候他爸爸把迟到的他送到学校门口就送不动了，我让我们班的孩子去叫他来教室上课，根本无济于事。派我们班能说会道的班长，派力气比我还大的小胖墩去，都不管用。起初，我还能把他叫进班来，后来我去叫也不好使了。对此，我们一帮子人都没有什么好办法。那么小的孩子，又能拿他怎么样呢？

后来我就做他爸爸的工作，要保证孩子不迟到，这样就不会有不进班的事了。还真是的，好长时间都没有这种在校门口不进班的情况发生了。他其实是一个特别爱学习的孩子，其他方面也都挺好的，就是感觉迟到没面子。可是，这好端端的怎么又不来上课了呢？而且还是中午，他上的午托部就在学校门口，这不可能是因为迟到吧？

听了小姑娘的报告，我就问："你们午托部的老师有没有告诉他的家长啊？"小姑娘回答道："老师给他爸爸打电话了。"

确认他爸爸已经知道他又不来上课后，我才进教室，开始了一下午的忙碌。两节课很快过去了，也没见到他来上学。放学送完路队的时候，我发现他们一家三口在学校门口站着呢。

我笑着走了过去，他爸爸妈妈也朝我无奈地笑了笑。没有等我开口，他爸爸就对他说："快给老师认个错，说自己错了，以后不旷课了。"语气里充满了春天的温暖。可是他一动不动，头也不抬。

见此情景，我主动开口问他爸爸是怎么回事，才知道问题出在一本书上。他爸爸说，昨天给他买了一本书，晚上他非要看完，因为要上学，就让他及早睡了。中午他在午托部不睡觉，还在看书。午托部的老师让他睡觉，不让看书，结果他就生气不来上学了。

看着他爸爸妈妈对他无可奈何的温和态度，我感觉批评是不合时宜的。于是我好奇地问："是吗？原来你是个小书迷啊！那到底是一本什么样的书啊？我也想看一看！"

他爸爸赶忙从书包里掏出来一本厚厚的书，我一看是《绿野仙踪》。"这是一本挺不错的儿童文学作品，是写一个小女孩随着木房子被龙卷风吹走以后的遭遇，故事充满了幻想，离奇的情节是挺吸引人的。"一听我对这本书赞不绝口，他爸爸也笑着说："乔老师，你看这昨天才买的，书签已经放在哪儿了？"我翻过去一看，在第 180 页！二年级的孩子，以如此的热情来读这样一本经典名著是多么让人赞叹的事情。我该怎么批评一个喜爱阅读的孩子呢？

我先讲了自己小时候爱看书的故事，然后总结道：你比老师小时候还爱看书，还是你厉害！他的头终于抬了起来。

我摸了摸他的小脑袋，然后又说："今天下午第一节是我们班的读书课。今天的读书课上，我们班的孩子都在讲自己是怎么读书的。孙雨欣说，自己总是请妈妈坐在自己的旁边，如果自己读错了，妈妈指出来，她就会再读一遍。吴怡晗说，她读书的时候，在南郊上班的妈妈还没有回来呢，她就给姥姥姥爷读书，遇到姥姥姥爷有不懂的问题，她就给他们讲讲。等妈妈回来了，姥姥姥爷会把自己讲的故事说给妈妈听。范克义说，他每天都给妈妈和小妹妹读五个故事。班上的同学都非常佩服他们几个。可是，老师觉得，他们的故事都没有你的牛！他们谁都没有你喜爱阅读！"

看着他闪亮的眼睛，我接着说："你这么爱读书，如果你今天在班上把自己对《绿野仙踪》的喜爱讲出来，说说你在这么短的时间里就读了 180 页，恐怕谁也比不了你的阅读速度。不用说这个月的读书明星就是你了。你知道的，读书明星学校是要奖励给一本书的，对不对？"

他的眼睛里充满了渴望，使劲地点了点头。"可是，老师现在不能推荐你为本月的读书明星。"我说。看着他眼睛里充满了失望和困惑，我又说："你想啊，如果学校一调查，二(4)班的读书明星爱旷课，那怎么能行呢？"接着我非常同情地叹了一口气："如果你今天下午没旷课，这个月的读书明星就是你了。"

此时他后悔极了，虽然他还是不开口，可是已经认识到旷课对自己的不利影响了。"旷课都是坏孩子才做的事情，像你这么爱学习、爱读书的好孩子怎么能旷课呢？你应该争取当下个月的读书明星啊！"

"老师，我以后不旷课了。"他始终是个不爱开口的孩子，在他妈妈的暗示下，他终于说出了这句认错的话。

我拍了拍他的肩膀，说："加油吧，相信你一定行的！"

今天，课堂上我看见这个孩子的眼睛比往常更明亮了。

写在后面的话

让阅读成为学生的一种习惯，让阅读浸润孩子的金色童年，让阅读陪伴孩子幸福一生。在积极引导学生进行课外阅读的过程中,我越来越发现,阅读不但能提高学生的语文成绩,而且有助于孩子精神的成长。文中的小X,他的父母离异后,他跟着父亲和继母生活。执拗的他,很少有笑脸,也不怎么与父亲和继母说话。由于我在班上大力倡导和推进课外阅读,这个孩子逐渐地爱上了阅读。在阅读中他找到了快乐,找到了一种很好的寄托。特别是在亲子阅读的活动中,孩子逐渐接受了现在的家庭,和家人的关系越来越融洽了。从那天他对继母的依赖越来越多,可以充分地感受到这一点。

还有不止一个孩子,因为注意力不集中、多动等原因,导致学习成绩差。在漫长的阅读过程中,我逐渐地看到这些孩子因为爱上了阅读,正在逐步改掉那些让人头疼的毛病,改善了学习品质,直接提高了学习成绩。难能可贵的是,这些孩子逐渐变得能说会道、自信满满。

这让我深有感触,唯有伟大而高尚的文学作品,才能不动声色地做到这一步;唯有在书香的熏染里,孩子才会增长智慧,发展潜能,心灵变得有力量。

我想,做一个有爱心的老师,就要给孩子充足的时间,让孩子去阅读大量的优秀作品。

破茧而出

◎ 毛秋风

2014 年的暑假,我拜读了薛瑞萍的《破茧而出的四年级》,联系以前看的《朗读手册》,更坚信了自己让孩子广泛阅读的观念。

开学已经两周,一切都按部就班地进行着,这期间学生有转来的,有转走的,但总体并不影响全班正常的学习。在这看似不变的生活中,我却感觉到孩子们正在发生着变化:读书的热情高涨了,从没有写过作业的小张两周来作业竟然没落下一次。各方面都在井然有序地进行着,这着实让我高兴,虽然整体的成绩依然是那么不尽如人意。

从五年级接班开始我就尝试着进行一些改变。首先想做的就是引导学生大量阅读。当然不是读他们手中的那本语文书,那没什么意义,除了应付考试。我理想中的阅读纯粹是凭着自己的喜好,六十本获国际大奖的小说书目发下去,至于爱不爱读,那就看学生自己了。没有考试,只是阅读;没有检查,只是阅读。当然还有讨论,也只是围绕阅读而开展的讨论。阅读成为主题,纯白色素读。"腹有诗书气自华",说的是阅读能改变人的心性、气质,而且外显出一份别样的美丽。的确,阅读让人改变。对一帮连一秒钟都闲不住的顽童来说,书籍确实是能让他们安静的好东西。老师都会有这样的经历:上课时班上乱糟糟的,老师来句"狮子吼",就在数秒钟内,学生能够在师威下闭上嘴巴,但保持不了多久,情形又恢复之前的样子,并且以后老师的吼声会越来越大,频率会越来越高,而效果却越来越差,持续的时间越来越短,直至失效。阅读,唯有阅读能让浮躁、嘈杂的心平静下来。从班级目前的情况来看，特别是女孩子，大都能够安静地读自己喜欢的书，上学期这些女生的成绩也充分证明了阅读的作用最大。经常与经典对话的孩子和一个不阅读的孩子会有很大的不同。

这学期开学，我不但鼓励学生读书，而且开始提倡同学之间换书读，共同分享好书。学生的阅读兴趣也不是自发形成的。开始时，对一些不喜欢阅读甚至是从不读书的小家伙要来点“威逼”，当然还要有些“利诱”，而对他们影响最大的还是老师。所以我经常告诫自己，对学生少吼点，省些力气，在孩子面前读书，哪怕心里又急又气。教育学生，其实就是教师自我的修炼。虽然他们现在的成绩让人头疼，两极分化严重，但我不急，我知道教育并不是一朝一夕之功，时间久了，坚持下来，效果就慢慢出来了。我需要的是，示范，引导，激励，再加些强制，然后就是等待了。

我对自己说，将阅读进行到底，他们会有破茧而出的一天！

选他俩是对的

◎ 赵利霞

3月是学习雷锋活动月,4月4日是清明节,为传承革命先烈遗志,弘扬民族精神,学校决定举行一次“读红色经典,讲英雄故事”的演讲比赛。

学校方案一下达,各班就开始有计划地进行班内选拔、练习、指导、评比等活动。我班有以往进行班内演讲比赛活动的经验,更有参与活动竞争的氛围,所以报名者络绎不绝。报名选手中有强强联合的(学习好的找学习好的,参加过校级演讲比赛的找参加过演讲比赛的),有弱与弱相结合的(后进生找后进生,没有此类比赛经验的找旗鼓相当的),也有找不着伴自己“单枪匹马”上台演讲的。不管怎样,同学们参与竞争的积极性,敢于竞争的意识被老师充分调动起来,一个个跃跃欲试,我的第一个基本目标已经实现。

按照事先安排,报名后的第三天下午,要进行班内初评。第一组上场的选手是郭茹、崔鑫,这两位可是久经沙场的老手,本次表现依然赢得了观众热烈的掌声。第二组上场的选手是毛梦、刘怡。值得一提的是,这组当中刘怡是一名全新的选手,在这之前,她没有登台的经验,即使在课堂上发言也表现得比较扭捏,但在毛梦这位我们班的演讲名人的带动下,她的个人演讲能力也发挥得淋漓尽致,博得了大家的一致喝彩。……第七组上场的是郭聪、毛雪,说到这两名选手,话多得说不完。数学测试两个人竟都能考不及格,每天作业不完成的次数,这两位又可以相“媲美”。不过值得表扬的是这两个人从不违反班级的管理纪律,打扫卫生极其认真负责,但说到演讲,二人均属大姑娘上花轿——头一回。让我们且看二人的演讲吧。“尊敬的各位领导、老师，亲爱的同学们：大家好！今天我们朗诵的诗歌是《三月里》……”那铿锵有力的语调，那抑扬顿挫的声音，那优美动听的音乐，无不给人以美的享受，两人显然是经过充分准备的。咦？难道这又是我们班朗诵界里杀出的两匹黑马？我心中窃喜。

七组选手的演讲顺利结束，到了民主投票环节了。以演讲老手毛梦、郭茹为代表的这两组的呼声最高，孩子们的理由是这两组经验十足，而且本次演讲准备充分，如果代表班级参加比赛，得奖的概率会特别高。瞧，这些小家伙多会为班集体荣誉着想呀！可他们不知道老师另有打算：作为学生，我希望他们每个人都有锻炼的机会。毛梦、郭茹两组是演讲老手，参加比赛不会有太大的突破；和毛雪、郭聪这一组比较，我觉得机会给后者，意义可能会更重大。思量再三，我郑重地告诉班上的同学：“本次参加演讲比赛的同学都能认真对待，发挥出了正常水平，有的同学甚至是超水平发挥，这让老师很感动，但不知道大家注意到了没有，郭聪、毛雪……”话语刚点到这里，机灵鬼们就明白了老师的意思，附和道：“就是，就是。”“昨天下午放学的路上我还看见他们在练习呢。”……最后，经过大家的一致评选，毛雪、郭聪这两位同学将代表班级参加学校的比赛。

在如期举行的校级演讲比赛中，两人不负众望取得了校级二等奖的成绩。后来，经过了解，别的班级直接任命以前参加过比赛的同学参加学校演讲比赛，成绩略胜我班。但我不后悔，我不以班级名次等外在的名利为重，而以学生的更好发展为重，“我的选择是对的”。

班级无小事　处处皆教育

◎ 谢伟伟

又是一个开学季，望着一年级懵懵懂懂的孩子们，我心里默默说道：你们可知道，为了迎接你们的到来，老师们已提前上班十余天，精心设计入学仪式，用心思考开学课程，细心打扫教室的每个角落，甚至连进入校园到达教室的路线都是老师们深思熟虑绘制的，真可谓煞费苦心！

刚入学的孩子，家长有一百个不放心，他们对孩子在学校的关注度要远远高于其他年级孩子的家长，一年级的班主任老师真是压力山大啊！

班级管理中琐碎的事很多，我们要捋一捋，把那些不起眼的小事解决好了，班级管理也就上道了。

一、快速记名

开学第一天，抽时间让学生做自我介绍，互相认识。接下来的几天一天至少两次点名，这样做除了有清点人数的作用，还可帮助老师尽快认识学生。另外，通过课堂上指名提问，学生回答问题时要求先报名字，在每个孩子桌子上放一个姓名台卡等形式，也能帮助老师迅速记忆孩子的姓名。开学前几天记住孩子的姓名对于接下来的班级管理作用很大。假如课堂上有个孩子的头都快埋进课桌里了，你点第几排第几个坐好，有用吗？肯定没用，孩子根本不知道第几排第几个是谁。你如果想走到“调皮鬼”的位置上去提醒他，那也不是一件很容易的事,大班额教室里的过道可不允许老师大步流星,等你一步步挪到了他的位置,全班孩子的一分钟没了,我们浪费不起这个时间,所以,老师要学会快速记名。

二、刚柔并济

刚开始上课时抓课堂纪律无可厚非,因为不抓上不成课。我们每个班级肯定都有这样或那样的班规班纪。俗话说:“无规矩不成方圆。”但是,老师如果总是板起脸来,一脸的严肃,孩子们会对老师敬而远之,这肯定不利于形成和谐的师生关系。所以,我们可以坚持一个原则:“对整体严厉,对个体温柔。”课堂上,不吝啬我们的夸奖——其实你往哪个方向夸,孩子就会往哪个方向做。课间,老师仍然要坚守阵地,不光和那群淘气包说说话,还要主动和那些内向的孩子说说话,让学生感觉到老师和蔼可亲的另一面。另外,一年级老师平时的着装可以活泼一些,这样孩子喜欢。

三、沟通家长

利用开学初的家长会,对学生家长进行家长课程的培训。简单分享课程纲要,让家长对其内容安排及教学目标有所了解。例如语文学科,布置作业写生字,家长得知道是让写田字格里的字,而不是写双横线里的字。给那些爱给孩子另外布置作业的家长提个醒,对于语文学科来说,与其让孩子做那么多练习题,不如多陪孩子读书,因为多做练习题对孩子短时间内提高成绩可能会有帮助,但是对孩子的长远发展没有太大意义。有些家长怕自己的孩子落后,强迫孩子多做练习,结果导致孩子讨厌写作业,讨厌上学。其实,孩子天生是有向师性的,他们愿意跟着老师学习知识,只是有时候我们的教和育是不统一、不同步的,甚至是背道而驰的,如此才会导致孩子过早厌学。

四、直视差异

虽然都是一年级新生，但孩子们已有的知识基础却相差甚远。小部分学生入学零起步，没学过拼音，没写过字，也不认识几个字。对这些孩子要多鼓励，多关注，多和家长沟通，他们大概需要一个学期的时间赶上大家。这一年孩子特别需要家长和老师的帮助，尤其是自信心方面，这部分学生考试成绩可能会比较糟糕，但是切记千万不能给孩子戴上“差生”的帽子，他们需要时间。只要孩子保持积极上进的乐观态度，提高学习成绩是早晚的事。如果孩子的成绩太差，索性卷子上就不要给孩子打分了，老师备案即可。

一年级的孩子小，可是鸡毛蒜皮的小事却不少，如果我们能抓住一件件小事，把它们当成教育契机，时时对学生的问题进行关注、思考，那么我们的班级管理工作会越来越轻松。

爱在心中

◎ 王雅琪

陶行知先生曾说："爱是一种伟大的力量，没有爱就没有教育。"教育最有效的手段就是"爱的教育"。

投身教育事业的我深深懂得，教育是爱的事业，这种爱是"一切为了学生，为了一切的学生，为了学生的一切"的博大无私的爱。因为有爱在心中，所以我们无畏无惧；因为有爱支撑，我们在教育的道路上愈行愈远。

欢迎您的到来

2009 年毕业后，怀着对教育事业的憧憬，经过严格的招教考试的层层选拔，我被顺利分配到了现在所任教的小学。说实话，刚进入这个陌生的环境，学校的种种并不是我所喜欢的，如教学设备落后、教学资源缺乏、学生素质较低。虽然这所学校的环境并不是我理想中的工作环境，教师这份工作工资也低，但教师却是长辈眼中的"铁饭碗"，而我又不想违背家人的意愿，所以就"勉强"留了下来。

一开始进入学校，我任教的是二年级语文。经过几天的了解，我明白这是一个比较特殊的班级，因为学校教师不够，经常请其他老师代课，而代课老师流动性又很强，这个班就由多位代课老师轮流授课，这让我对这个班级更是多了一些不满情绪。当我第一次进入教室时，全班六十多双眼睛一齐盯着我，这让一向内向、羞涩的我有些不知所措。内心一个声音在耳边不断响起："不要紧张,看着学生。”我先做了自我介绍,然后又让班干部逐一做了自我介绍,这样我对这个班级就有了一个大概的了解。相互了解后,我紧张的心情似乎得到了一丝放松。我开始环视教室的每一个角落,我发现每一双眼睛里都流露着一丝兴奋与喜悦——他们似乎很欢迎我的到来。

第二天,我怀着紧张而又企盼的心情踏上讲台上我的第一节课。可是在我一声“请坐”指令发出后,同学们并未坐下,这让昨日的紧张心情又重新袭上心头。我努力从他们的脸上寻找答案。我看到他们个个脸上似乎挂着一丝淡淡的笑意,我的心情渐渐平静了下来。这时我看见教室的后边有一个身影很活跃,原来是班长。“他想干什么,要挑事吗?”我心里嘀咕着,立马警觉起来。正在这时,听到班长喊了一声“一、二”,接着,全班学生齐声喊道:“老师,欢迎您的到来!”掌声如雷鸣般地响彻整个班级,此时的我才恍然大悟,原来这是一个欢迎仪式。顿时,我的眼眶里涌满了激动的泪花,这泪花中蕴含着太多太多。

在我眼里的这群毛头小孩竟然如此懂事,我这才明白,他们年纪虽小,但他们的“礼”并不小。我被“小小”的他们那“大大”的心意感动了。我强抑制住内心的激动,上完了我的第一节课。接下来的日子,我发现在别的老师眼中的调皮捣蛋、学习差劲并不是孩子们的本质,而是孩子们缺乏老师的关注,体会不到老师的爱。我深深地自责起来,我当初抱有那样的心态去对待这群孩子,而孩子们又是怎样待我的呢?渐渐地,我发现自己深深地爱上了这群可爱的学生,他们每一双眼睛背后都隐藏着一颗火热的爱心。

我爱他们,爱单纯如斯的孩子们;他们爱我,爱同样爱他们的老师。

爱的悄悄话

刘琪是我班的一名女生,自卑、安静是她的特点,相较于其他孩子的活泼可爱,这个女生毫无生气可言,是一个能被所有人都遗忘的孩子。上课,她总是趴在桌子上,好像若有所思;课间,静坐一隅;放学后,又独来独往。在与其他科目老师交流后,我得知她几乎每节课都是这样。但从她从不与我对视的眼睛中,我分明窥探到了一丝希望,到底是什么呢?

六年级下学期,我组织学生们进行“好书推荐会”,每个孩子都自信地展示出了自己精心准备的课件、好书推荐卡等。轮到刘琪上场了,只见她一步一步挪上了讲台,低头看着自己的稿子,抠着手指,嘴里嘟哝着不知道说些什么,下面的孩子们都期待地看着她。似乎感受到了同学们热切的目光,这个胆小的女生开始啜泣起来,这一幕吓到了孩子们,同样也惊到了我。在孩子们乱成一锅粥之前,我迅速将下一位演讲者请上讲台,并将刘琪请回座位,让她自己平复情绪。

两位同学的演讲结束了,她的情绪也平复得差不多了,我悄悄走到她跟前,凑近她的耳朵,轻轻地说道:“孩子,请跟我来。”没有任何人的注视,没有任何人的探究,她从后门出来了。看着那双肿得如核桃般的眼睛,我有些自责,究竟发生了什么?我到底做了什么呢?

站在我面前的是这样的一个女孩:含胸弓背,手无所措,两脚互搓,眼睛红肿,眼神无处安放,带着紧张,一副随时要被老师批评的胆战心惊的模样。

这个女孩,我平时是有多忽略她,甚至在第一时间竟然无法叫出她的名字,我对她又了解多少呢?带着这种自责,我和女孩说起了属于小女生之间的悄悄话。我明白了她自卑心理有多重:含胸弓背是因为青春期的胸部发育让她不好意思抬头挺胸站在别人面前,怕被同学耻笑;自卑是因为家庭环境,父母对她不关注,在她面前说的永远都是别人家的孩子如何优秀,老师也总是看不到她,这让她习惯躲在角落里去观察别人;安静是因为她没有一个朋友,她的心从未打开,不让别人走进,也不敢走进别人的内心。而当众表现自己的机会更是少之又少,尤其是站在讲台上展示自己的机会更是没有,所以这让她不知所措,紧张到了哭泣。同时,她向我道歉,认为自己影响到了课堂。她心思如此细腻,在自己受到委屈之后仍能关注到自己的行为影响到了我,这让我很是惊讶。她本是一位为他人着想的女孩,却不肯放开自己,不肯展示自己,而让自己背上自卑的包袱。我走近她,亲昵地搭着这个比我略低一点的小女孩的肩膀,像朋友般和她说起了悄悄话,说起了我的青葱岁月,说起了我的那段不自信的阶段,说起了我克服困难过程中的趣事,说起我提高自信的方法。就这样,时间一分一秒地过去了,我看到她抬起头用她那清澈的眼神含笑地看着我,我明白了,之前在她眼神里窥探出来的一丝希望就是对老师的那份期待啊。

下课后,我仍然对课堂上的这一幕念念不忘,同样也无法忘怀她那满怀希冀的眼神。之后我对她的关注多了起来。我想:她能在那么短的时间内将语言组织得那么有条理性,这说明她很聪明;她在课下独自一人搬着大部头的书去看,可以看出她爱阅读;走在路上能主动捡起垃圾,说明她是一个很有道德意识的孩子;课堂上能够专心听别人的见解,可以看出她是一个懂得思考的孩子,只是她的自卑,让她无法走到人前,她缺少一位带她走到人前的引路人。想到这儿,我决定去充当这个引路人。

于是,我时不时找机会将她叫到我的办公室,跟她交流;课堂上让她在小组合作中主动参与交流;制造机会让她主动回答问题……慢慢地,我发现她变了,上课积极发言,与同学和睦相处,成绩也提高了,特别是作文水平尤为突出。看着她那已经初露自信的眼神我深感安慰。

也许你只付出一点点微不足道的爱,就可以改变一个人的一生。星星之火,可以燎原;星星之火,也可以照亮整个生命。也许就在一个不起眼的瞬间,奇迹就会发生。

“小东东”的幸福源泉

——记三(1)班“魅力东东”评比活动

◎ 贾盈盈

今天是一个普普通通的日子。但对于三(1)班的孩子来说，却是一个隆重的节日。因为班级每一个孩子都参与到了“魅力东东”奖章的评比中，他们盼望着这一天的到来，渴望着自己能集齐奖章，争夺“魅力东东”这一至高荣誉。

高心怡同学是一个积极进取、多才多艺的孩子。在过去的3月、4月的评比中，她通过自己的努力集齐了“聪慧东东”“多彩东东”“健康东东”“创享东东”四个奖章，唯独缺少“美德东东”。她私下告诉我，她知道自己有时候在课堂上管不住自己，爱和邻桌说话，课下喜欢跟同学们打闹。她信誓旦旦地说：“贾老师，我知道自己有哪些缺点，我一定改正，请老师看我的表现。”她说到做到，在5月这一整月的时间里确确实实克服了自己的不足，她的表现令大家心服口服，她终于赢得了一枚梦寐以求的“美德东东”奖章。当我宣布评比结果念到她的名字的时候，她一下子从座位上跳了起来，一蹦一跳地来到了我的身旁，双手接过奖章，给大家深深鞠了一躬。她笑得那么灿烂，那么幸福！同样感到幸福的还有：成绩不是很理想，但是篮球打得好的刘益硕同学，他获得了一枚“健康东东”；自律性不强，但是唱歌很棒的郭思妍同学获得了一枚“多彩东东”；学习效率不高，但是奇思妙想不断的郭一诺同学获得了一枚“创享东东”……

在“信本课堂”的课堂模式中，学生以四人为单位分成了17个小组，小组内每个组员轮流做组长，组与组之间有课堂表现和课后作业的竞争评比，孩子们的劲头都很足。争夺“魅力东东”,他们更是铆足了劲儿。夏天、崔奥、胡亦乐、李少阳为一个小组,四个孩子你追我赶,先后集齐了“美德东东”“聪慧东东”“多彩东东”“健康东东”“创享东东”五个的奖章,获得了“魅力东东”,成为班级的“魅力小组”。其他小组很是羡慕。孩子们的积极性很高,争相向他们学习,以他们为目标,争取在6月拿到属于自己的“魅力东东”。

“魅力东东”的评比,一改原来单一的、传统的评价方式,开启了贯穿整学期的全面的新型评价机制。俗话说得好,“尺有所短,寸有所长”。通过这种评价方式,我们全面关注到了每一个孩子的优势,最大限度地肯定、认可孩子在不同方面的潜能,以优势带动劣势的提高,孩子们积极参与,乐享其中。有了这种评价方式,孩子们在学习上的满足感、幸福感越来越强了,学习兴趣也更为浓厚了。作为班主任,看到孩子们因争夺“魅力东东”而改变,我备感欣慰,在工作上的幸福指数也越来越高了。

争夺“魅力东东”,我们都在行动!孩子们在行动,老师们也在行动。在孩子成长的道路上,我们共同努力,享受幸福!

此时无声胜有声

◎王　娜

教育实在是一个多姿多彩的体系，因为它所呈现出来的形式是各种各样的。作为班主任要善于利用各种学习、生活中的小事例对学生进行思想行为的教育，只要能够抓住契机，一件小事便可成为一个较好的教育实例。

教室前门的门锁坏了好几天，一直关不上。因为前两天天气不错，门一直敞开着，所以也没出现什么问题。今天起风了，风越刮越大，总把门吹开。前排的同学就把门虚掩着，再用一个凳子抵住。下午上课前，大部分同学都坐在教室里自习，我也早早来到教室陪着他们，整个教室安安静静的。

"报告！"有同学在门外要进来。"请进！"我随口答道。一个男生轻轻推开前门，走了进来，我随意地看着他。他轻轻推门，又轻轻地掩上门，再轻轻地用凳子抵住门。我的目光随着他移动，直到他走向座位，当时我完全下意识地为这个孩子鼓掌。掌声响起时，正在埋头自习的同学都抬起了头，先是不解地望着我，然后恍然大悟，和我一起为这位同学的行为鼓掌。那位男生也一脸惊愕，当他意识到全班同学都是为他而鼓掌时，不好意思地笑了。

教室里又恢复了平静，直到另一位同学的报告声在门外响起。这时，我发现全班同学的视线都集中在即将走进来的同学身上。这位同学平时大大咧咧，不拘小节。我心想，这该是个反面教材了。不料，这位同学竟然和前面那位同学一样，悄悄地把凳子放回了原位。全班同学不约而同地鼓起掌来。

第三位同学进来了，他径直走进教室，全然没有顾及正被风吹开的前门。

同学们的目光都转移到我身上，我一言不发，静观事态发展。只见靠门边坐的一位同学默默地走过去，把门重新关上，还用凳子抵住。这时，全班再次响起热烈的掌声。我注意到那位刚进来却没及时关上门的同学的脸上有了若有所思的表情。

三次掌声，一次比一次热烈，一次比一次整齐。不费一言一语，却有了意想不到的效果。到此时，我对"教育是一门艺术"有了更深刻的体验。在今天这"无声的场景"里，全班同学都是悟性极高的明星，他们全都懂得了我没有说出来的意思。

铃声响起，我走出教室，碰到了邻班的朱老师，他问我："乐什么呢？"我对他笑笑："没事，偷着乐！"

静赏花姿:读书研修

给学生创造成功的机会

——读《给教师的建议》有感

◎ 谢伟伟

又是一个学期的期末，每当这个时候，老师容易动气，学生容易烦躁，尤其是那些成绩不好的学生，屡战屡败，有些甚至会产生破罐破摔的心理。在这段非常时期，如何引导学生将学习进行到底呢？

最近在看苏霍姆林斯基的著作《给教师的建议》。当我读到“成功的欢乐是一种巨大的情绪力量。它可以促进儿童好好学习的愿望。请你注意无论如何不要使这种内在的力量消失，缺少这种力量，教育上的任何巧妙措施都是无济于事的”这段文字的时候，深有感触，于是便敲击键盘，记录下自己的想法和做法。

如果我们问孩子一个问题：“你想不想考 100 分？”那么答案肯定是唯一的。孩子们会不假思索地回答你：“想！”哪怕是班里学习成绩最差的孩子，你问他这个问题，他也会毫不犹豫地告诉你“想”。特别值得一提的是，孩子们在回答这个问题的时候，都是一脸灿烂的微笑，那是一种对 100 分的向往啊！

然而，在一次又一次的单元测试、期中测试、期末测试中，得 100 分的孩子又有几个呢？

在孩子的内心深处，他们是渴求成功的。虽然我们常说，失败是成功之母，但是，如果是屡战屡败，你觉得孩子的斗志、孩子的自信心还能剩下多少呢？苏霍姆林斯基是这样写的：“郁郁不乐、情绪苦闷所造成的后果，就是使掌管情绪冲动和思维的情绪色彩的皮层下中心停止工作，不再激发智慧去从事劳动,而且会束缚智慧的活动。”

给孩子积极的心理暗示,给孩子创造一些得100分的机会吧！我总会尽一切努力使学生相信自己的力量。期末考试的卷子是统一的,我们无法改变,但是平时的单元测试、月考,我们可以出一些最基本的题目,题量可以少一些,考试时间可以短一些,让孩子们可以得到一个甜甜的100分。我们班基本上每月有两次这样的小测试,题量控制在A4大小的纸的一面内,时间20分钟,考查内容主要是看拼音写词语、组词、多音字等一些基础知识点。我会大声地、表情夸张地宣布成绩:“×××100分,×××100分……你们太棒了!”(对于那种4页卷子的大考,我是从来不会当众宣布成绩的,只会提名表扬一些考得好的和有进步的孩子。)孩子们的脸上洋溢着幸福的笑容,是多么满足！让孩子在学习上得到肯定、认可,品尝成功的喜悦,我们又何乐而不为呢？尤其是在期末复习的时候,这种小测试的办法更有成效,可以培养学生认真做题的好习惯。复习时,大部分孩子会比较浮躁,做题马虎。我的小测试一般考查的是基础知识,只要孩子细心,考100分没问题,我们班的孩子们都知道小测试是要比比谁更细心,谁更细心100分就归谁。做题的时候,孩子们会格外认真,生怕自己的100分溜走。你看,认真做题的好习惯就这样一点点养成了。另外,一次又一次100分的刺激会让孩子信心倍增,让孩子不再害怕考试,把考试当成一次展示自己的机会。

书的魅力

——《朗读手册》读后感

◎ 乔峰玲

我是个看书随意性很强的人,从不强求自己必须记住什么,一般都是囫囵吞枣,只明白大致的意思,有时连书的名字也记不住。但是时至今日,《朗读手册》还是让我难以忘怀,书中介绍的每天大声给孩子读书的做法和关于朗读的观点深深地影响了我的教学和生活。

《朗读手册》是美国著名的阅读研究专家崔利斯用数十年儿童阅读指导研究与实践的积累,充满激情地创作而成的。该书于 1979 年初版,5 次修订,被美国数十所教育院校选为指定教材,并被迅速翻译成多种语言。

这本书以丰富、具体、可信的案例,详尽地解答了有关朗读的各种问题:什么时候开始给孩子朗读?怎样的书才算是好的朗读教材?读漫画书好不好?如何妥善处理看电视的问题?如何在书和电脑之间取得平衡?我相信这本书之所以广为流传,是和作者在人们心中点燃的朗读激情分不开的。

这本书刷新了我对阅读的认识。

阅读的好处不言而喻,诚如书中所言:“你读得越多,理解力就越好;理解力越好,就越喜欢读,就读得越多。你读得越多,你知道得越多;你知道得越多,你就越聪明。”作为语文老师,这一点我深有同感。无论年龄大小、年级高低,书读得多的孩子,知识面广,见解深刻,比那些阅读面窄、读书少的孩子看起来更聪明,思维更独到,情感更细腻。我们提倡孩子多读书,好读书,读好书,就是最大程度地帮助孩子获得精神世界的成长。

至于朗读的好处,是读了这本书后才有深刻认识的。原来,无论在家里还是在学校,我都很少朗读。默读与浏览的方式用得最多。朗读一般就是用在课堂上,给孩子们范读,以便引导孩子们有感情地朗读,帮助他们理解文章内容,体会思想感情,从而完成教学任务。但是这本书告诉我,朗读的好处太多了,至关重要的一条就是,孩子在朗读中会忘记一切烦恼!多动的孩子、缺乏安全感的孩子、忸怩的孩子等的心理创伤在朗读的过程中会被治愈,孩子会变得自信、大方……

书中的一段话,至今仍在我耳畔铿锵作响:你或许拥有无限的财富,一箱箱的珠宝和一柜柜的黄金,但你永远不会比我富有,因为我有一位读书给我听的妈妈。与其说我被震撼了,不如说我被感动了。是的,从读到这段话的那一刻起,我决心做一个这样读书给孩子听的妈妈,做一个读书给孩子听的老师。

记不清是哪一节自习课上,或是中午的休息时间,我开始坐在教室里,给孩子们大声地朗读一个个生动的绘本故事;记不清是哪一个晚上,我改变了给孩子讲故事的习惯,声音变得那么响亮而富有感情;也记不清有多少次,我给同事、家长、朋友大力地讲朗读的好处;记不清自己有多少次用语言、用行动践行着书中那个让孩子爱上阅读的方法:要让孩子爱看书,首先自己必须读书给孩子听。书中这个"为孩子大声朗读"的强烈呼声时时提醒着我。在孩子们吵闹的午间,在家长向我诉说孩子不爱看书的困惑时,在劳累了一天什么话也不想给儿子说时,我记得这句话:"大声给孩子读书!"我这样说了,也这样做了。无论教学任务多么紧张,无论自己多么疲惫,我总坚持大声为孩子读书。为别人的孩子,也为自己的孩子。置身朗读的世界,我感到我和孩子的心贴得更近了,我们有了更多共同的话题,我甚至能看到孩子们的想象和欢乐就在倾听我读给他们的一个个故事里起航。我读着,也快乐着。

当家长们看到自己的孩子读完《木偶奇遇记》,真诚地向我表达由衷的喜悦的时候,当孩子们一本接一本兴致勃勃地传阅自己喜欢的故事书的时候,当儿子开心地给我、给他的老师读绘本故事的时候,当孩子们诉说着他们的家长越来越爱给自己读书的时候,我感到了朗读的乐趣正在我们所希望的地方生长！生机勃勃地生长！！因为朗读，我欣喜地看到阅读已经成为孩子的一种习惯，成为他们生活里不可缺少的一部分。朗读，这是多美的一颗种子啊！我在孩子的世界里播种的时候，没想到这么快就长出了郁郁葱葱的树木。这树有阅读的枝干，朗读的绿叶，亲子阅读的根须。它的根汲取着读书乐趣的无限营养，它的枝叶在书籍的世界里伸展，伸展。在孩子们人生中阳光明媚的早晨，这棵枝叶茂盛的树呼吸着来自四面八方的清新的风，俯瞰高山流水，仰望蓝天白云。我想象不出还有比这更美的风景，想象不出还有比这更为成功的栽培。作为一名教师，作为一个母亲，我感到无比欣慰。

我知道，这一切美好的开始，和这本《朗读手册》有关。

从《师道：为师亦有道》中看学科教学之道

◎ 赵利霞

教师是课堂教学改革的生力军。构建道德课堂，提升师生生命质量这一目标，需要教师不断提升自我认识，不断提高自身素养来逐步实现。读书是实现这一目标的有效途径之一。最近读了《师道：为师亦有道》这本书，收获颇多。

拿到这本书，我就被其封面富有生命力的颜色——绿色所吸引。茵茵绿草地中一群洁白无瑕的蝴蝶在翩翩起舞，我想它寓意着正是由于广大教育工作者的滋润与培养，才成就了孩子们在广阔天地间自由飞舞。人们常说，心存向往是因为深深地被吸引，正是在这种殷殷的期望中我开始了本册书的阅读旅程……

主编马朝宏老师把本册书分为"立场""信念""冷眼""策略""忧思"五个篇章，每个篇章中又根据主题精选了《中国教师报》以往三四年中各期的精华文章。细细品味，文章作者所倡导的理念、所发现的问题都很契合当下，所提供的策略也实用有效。一篇篇读下来，思考下来，自己的确有了不少的收获。

从教十余年来，尽管也担任过数学学科的教学工作，但都是以语文学科为主，并且这也一直是我努力的方向。在课改的背景下，我该做一个什么样的语文教师？怎样才能做到更好？

语文课程改革中，教师转变观念很重要，教师的学科专业素养同样需要进一步提升。在我们进行的大量的新课标培训与校本培训中，我们关注的焦点始终聚集在转变观念、落实新理念、践行新课标上，讨论的热点始终离不开如何指导学生利用已有的知识、经验去同化和顺化新知识，从而建构新知识。这些非常重要，思想是行动的先导嘛。但在大张旗鼓地进行新课程理念学习教育时，不能忽略的一个最为本质的问题，就是要对教师本身业务水平、学科专业知识提出明确要求，以促使广大教师的新理念与学科专业知识同步提升。常言道，要给学生一杯水，教师首先得有一桶水。新课改的要求又提高为教师得有一桶活水，甚至是一条奔腾的大河！理念是重要的，学科专业知识同样是重要的。在深化新课改，转变落后教育理念的同时，千万别忘了同步提高教师的学科专业素养，提升教师的学识水平。

在反思、实践中探寻语文教学改革的有效途径。让课程标准走向课堂转化为教师的教学行为，让先进的教学理念贯穿于教学实践，不是那么容易的事。我们既要保持改革的热情，又要有清醒的头脑，更要冷静地反思怎样才能避免先进的理念在教学中走样变味。实践告诉我们，方向性与目的性正确的宏观决策必须有正确的微观路径相配合，高端的教育思想必须有低位的操作方法相配合，这样先进的教育理念才能转化为有效的教育实践。教师的教学不能只停留在教材本身所呈现的知识框架上面，不能受制于教材的设计，要根据具体的文本、教学情境、学生的具体情况做出灵活的调整。新课改下的教师必须具备把握知识内容课程意图的能力。在每一次备课时，教师都应自觉追问：这一课的价值到底在哪里？为什么要教这些知识？其背后更深远的意义是什么？要知道，每一门学科都有自己丰富的学科思想，这些思想应该是除一般的教育理念外教师时时不能忘记的！具体地说，在语文教学中，要有高超的减法思维。要充分相信学生的学习能力，摈弃那种事无巨细，从头讲到尾，“死扣”教材的做法。应将每篇课文中值得教又值得学的精华筛选出来，作为教学内容的内核，去精雕细刻。这个内核要么在内容精彩处，要么在语言运用经典处，要么在学生学习困难处，它可以是一个词、一句话、一个语段，也可以是一个技能点、一个情感点等。还要有创新的加法思维，从课文走向语文，从课文引向课外阅读，由有限的课外阅读资料引向无限的课外语文学习。

此时，我不由得又想起了这本书中的文章《你是那只"领头羊"吗》，在众多的教师中，为什么只有为数不多的教师能先拔头筹，立于时代的潮头成为教坛赫赫有名的"弄潮儿"？因为那些教坛上的"弄潮儿"都有一种敢为人先、勇往直前的品质和精神，在其他教师还按部就班教学的时候，他们已经开始"摸着石头过河"了，走在最前面开辟道路的他们就成功了。

愿你我都能坚持走在教育的前列，感悟为师之道，反思为师之道，践行为师之道，争取早日把握教育之道！

我读《管建刚和他的阅读教学革命》

◎ 赵利霞

最早听说管建刚的名字大约是在2009年一次区级教学研讨会上,其他学校老师在介绍作文教学时提到他的"作文教学革命"。我开始读管建刚的书,是在上学期发现搭班的数学老师案头有一本《教师成长的秘密》,并由此开始喜欢上管建刚老师的语言风格,惊叹于他励志的成长经历。而向往他的"指向写作的阅读"教学,则是从《管建刚和他的阅读教学革命》开始……

从教十多年了,教着教着,发现教语文越来越没意思:生字词学习,到了高年级每个学生都具有了一定的识字写字能力;字词理解,不会的只要查找工具书学生就可以自行解决了;课文学习,只不过多读几遍学生就能正确流利甚至做到有感情地朗读课文了;理解文章内容,有了前边的铺垫基本也就迎刃而解了。所以,每天按部就班地教学生学习课文,学生麻木地接受,这样的教学生活实在是没意思。

在没意思的教学中反思,就想让自己的课堂有意思、有意义起来。后来我知道了,在语文教学中一定要学会用好"两只眼睛":一只是理解文本的眼睛,另一只是发现语言形式的眼睛。第一只眼睛,作为语文老师我们都有,教孩子们阅读和理解对应年级段的课文也都没有问题,但问题的症结表现在对学生已经理解的、明白的地方,我们却在千方百计、不厌其烦地讲啊讲,而对于作者是用什么方法、什么形式来表现文章内容的,也正是学生不明白、需要老师讲解的地方,我们却没有讲解给学生。这实在是个怪圈。渐渐地,我也尝试在让自己拥有第一只眼睛的同时,努力培养自己的第二只眼睛。

于是,在自己的语文课堂上,我尝试让学生在理解了文本内容后,也动手来写一写自己的感悟、收获。但是,一段时间后我发现,那些不大会写作的孩子还是提起笔来恨不得"白发三千丈,缘愁似个长"。

为什么呢?关键是这样的读写结合基本上还是基于对文本内容的理解。

也许就是在这样的思索中、期待中,与管建刚老师的《管建刚和他的阅读教学革命》相遇了。这本书中所讲的是指向写作的阅读课,这不同于以往的读写结合。以往的读写结合考虑的是课文本身的写作特色,或文体性的写作知识,有点空;而指向写作的阅读课,要培育学生的另一种阅读思维——"文章怎么写"的阅读思维,要在学生原有的只关注"文章写什么"的阅读思维里,注入"文章怎么写"的专业的阅读思维。指向写作的阅读课认为,语文课堂里的学生的阅读,跟生活中的消遣性阅读、工作中的信息化阅读、日常的闲散性阅读有着本质区别,因为毕竟"内容人人看得见,含义只有有心人得知,而形式对大多数人来说,永远是个秘密"。所以,"文章写什么"的阅读,具有普遍性、普适性,只要识字,谁都会,而"文章怎么写"的阅读,才有专业性。语文课堂里的学生,是专门来学习语文的,要学习专业的阅读。

基于以上情况,"指向写作"的阅读对老师就提出了更大的挑战,我们需要练就两只眼睛解读文本,而目前又没有很实用的具有参考价值的材料来助我们练就这样的两只眼睛,实属一件憾事。但作为语文教师,我们又不甘心碌碌无为,那就"路曼曼其修远兮,吾将上下而求索"吧!

读《突破传统的魅力课堂》有感

◎ 张　莉

《突破传统的魅力课堂》这本书从属于“桃李书系——爱上你的学校”丛书。我非常喜欢这个丛书的名称“爱上你的学校”，很浪漫，又很质朴！爱上学校，爱上课堂，爱上学生，爱上教学，爱上教育，一定会是一位幸福的老师！

《突破传统的魅力课堂》分为四个专题：“自主成长课堂”“乐学高效课程”“和谐创新课堂”“追梦求真课堂”。这四个专题都聚焦课堂，精选了 20 种最新课堂教学模式。这些教学模式虽然形式上有所不同，但是核心都是让学生成为课堂的主角，以学生的自主学习为主，激发学生的好奇心，吸引学生的注意力，发挥学生的主动性，让学生乐学、愿学、会学。学习过这本书的内容后，我也对自己的课堂做了深深的反思。

打破传统，转变思想。在读这本书的过程中，我不断反思自己的课堂：课堂是不是死板的，毫无生命力的？是否还是自己唱独角戏，没有发挥学生的主体性？是否没有开启学生的智慧？每一次反思过后，我总能感到自己的差距，随着对这本书逐步深入的学习，我仿佛对自己的课堂进行了一次血淋淋的“手术”，虽然残酷，但是让我警醒：课堂是教师的主战场，是实施课程、组织教学、促进学生生长的土壤。作为教学的主导者，教师若要让这片土壤肥沃、湿润、利于生长，一定要有勇气打破自己传统的、固有的课堂模式，更要转变思想——以学生的发展为根本，不但关注眼前，更要着眼于学生的未来，让学生在有温度、广度和深度的课堂中茁壮成长！

着眼学生，找准思维生长点。充满魅力的课堂教学应该是这样的一种生命形态：学生的思维就像琴弦，教师就是高明的琴师，凭着娴熟的技巧，弹奏出美妙的音乐。要实现这样的魅力课堂，我认为教师要做到以下三点：首先，要关注学生思维起点，引发教学生成。思维起点能引发思考、推动思考不断深入并成为解决问题的突破口。当思维起点选择合理、准确时，解决问题就能得心应手；当思维起点偏离时，就容易误入歧途。要找准学生思维的起点，教师需要"蹲下"身来，以学生的眼光去发现问题。其次，要把握学生的思维交叉点，挖掘教学生成。思维的交叉点往往是新旧知识的连接点和分化点。它是课堂的难点、转折点、拓展点与提升点。在课堂教学中，教师在学生思维的交叉点加以点拨，学生思维往往会闪现出火花。最后，要激发学生的思维兴奋点，推进教学生成。所谓兴奋点，是指能引起学生学习兴趣的内容。抓住了它，学生的情绪就会高涨，思维就会活跃，学习的主动性和创造性会得到超乎寻常的发挥。我想，这样或者可以成为走向魅力课堂的一条道路。

不断学习，成就魅力。我认为，无论是打造魅力课堂，还是成为有魅力的教师，都是作为师者的"诗和远方"，需要不断地修炼：修炼人格，修炼学识，修炼语言，修炼教学……愈困难，愈前行！

像汉修先生一样教作文

——我读童书《亲爱的汉修先生》

◎王　娜

总是习惯为女儿购买一些童书,这不,快递员前脚刚走,我便急忙打开箱子,找出一本名为《亲爱的汉修先生》的书,坐在沙发上读了起来。还记得是在一次阅读活动中朋友推荐了这本书,连说几遍一定要读读,这"特别的建议"勾起了我的好奇心:这到底是怎样的书,能有这么大的魅力?可拿在手中,薄薄的一本,一遍很快就读完了,不免有些失望,感觉内容有些泛泛。合上书,看看封面上"纽伯瑞儿童文学奖"的标志,还有那句"一本《亲爱的汉修先生》,胜过所有的作文书",如此高的评价,足以证明它一定是上乘之作,于是我又静静地品读了几遍。渐渐地,一本童书,却让我这个成年人越读越喜欢,越品越有味。

这本童书的主人公鲍雷伊在二年级时读了一本课外书《狗儿快乐秘诀》,喜欢上了这本书的作者汉修先生,便写信同他联系。到了六年级,为了完成老师布置的作业,他与汉修先生的书信联系更频繁了。在信中,鲍雷伊说出了他午餐被偷、父母离异的实情,以及转学后的心情,还有内心的孤独。通过和汉修先生的书信往来,鲍雷伊不但学会了如何面对生活,而且练就了一手好文笔。整本书记录了他从二年级到六年级的自我成长经历和丰富的内心世界,如同一份成长档案,很贴近孩子们的生活。

作为成人(老师),我更多关注的是这本书的呈现方式和精巧布局。作者贝芙莉·克莱瑞是美国20世纪最著名的儿童文学作家之一。这本书是她所有作品中现代感最强、写得最好的一本,《纽约时报》曾评论它"极佳的故事,非常深刻；很有立体感，技巧出色，确实是一部佳作”。全书呈现方式很特别，以来往书信的方式安排故事情节，将所有人、事、物贯穿其间，一波三折，语言风趣幽默，很容易让人感同身受。

精巧的布局更是让人不得不佩服作家的高明。透过精彩的内容，渗透了一些观察事物的方法、阅读方法和写作技巧。这些与读书、写作有关的知识，都是汉修先生教给鲍雷伊的。在鲍雷伊的成长过程中，汉修先生是一位举足轻重的人物。身为老师的我，特别佩服汉修先生，他不仅是鲍雷伊敬爱的大作家，更是位高明的教育家。他对鲍雷伊提出了10个问题：①你是谁？②你长什么样？③你的家庭是什么样子？④你住在哪里？⑤你养宠物吗？⑥你喜欢上学吗？⑦谁是你的朋友？⑧你最喜欢的老师是谁？⑨你有烦恼吗？⑩你有什么愿望吗？这10个问题设计得多巧妙啊，介绍自己，介绍家庭，介绍朋友，介绍烦恼，难怪鲍雷伊愿意回答。这10个问题也成了鲍雷伊写作历程中的“魂”，它使鲍雷伊从原本“讨厌写作”到后来“写这么多信其实并不太讨厌——我有点怀念写信的时光了”，再到以后“喜欢上写作，每天坚持写日记”，一直到最后“征文获奖”。鲍雷伊就这样渐渐地爱上了写作。这也使我想起了学生的现状和作文常见的命题。命题常常是为作文而设置，学生作文也是因作文而作文，因此写作成了学生最难、最头疼、最害怕的事情，许多学生无话可说，这违背了写作最基本的原则——出于表达和交流的需要。这是在写作内容方面。汉修先生对鲍雷伊写作内容上的引导，每一个都能让鲍雷伊很自然、很顺畅地表达出来。这对孩子来说是最重要的。

在写作方法指导方面，我们也能从书中找到很多可借鉴的地方。刚开始时，和许多刚刚写日记的小学生一样，鲍雷伊不知该写什么，“大脑像白纸一样一片空白”，汉修先生便建议他：写日记的时候可以假装自己是在给某个人写信。多好的建议呀！以写信的口吻来写日记，假装与某个人说话，就会使心里话从笔尖流淌出来，写作就变成了很容易的事。而我们的孩子写日记纯粹是为了完成作业，应付老师和父母，他们不愿意倾吐心声，怎会获得乐趣呢？随着日子一天天过去，汉修先生又给鲍雷伊第二条建议——多听：听别人讲话并记下来。鲍雷伊便真实地记录了他和妈妈的一段对话，慢慢地鲍雷伊的写作水平提高了，写作兴趣更浓了。“多看书，多观察，多听，多想和多写”“养成记日记的习惯”“写出自己的东西，而不要像别人”……汉修先生的写作建议一步步引领着鲍雷伊在文学的世界里畅游，让原本对写作那么讨厌、那么痛恨的鲍雷伊“有法可依”，积极参加征文活动并获奖，最重要的是使鲍雷伊有了成为名作家的信心。

这就是汉修先生的魔力，是这本书——《亲爱的汉修先生》的魅力！童书非童书，让我这个语文老师也受益匪浅。我要像汉修先生一样教作文。

应试教育与素质教育“水火不容”？

——《分数大变脸》读后感

◎王　娜

6月中旬，我购买了阅读推广人徐冬梅、薛瑞萍、韩兴娥三位老师的大作，计划利用暑期充足的时间，静下心来慢慢读、细细赏，对于学校配发的这本《分数大变脸》则始终抱着不到最后关键时刻决不动它一指头的态度，而内心对于用分数评价学生和老师的质疑让我毫不犹豫地将这本书束之高阁。

暑假即将结束，为了完成写读后感的任务，不得已，我再次找出这本书。静下心再看这本书，淡淡的黄绿色封面设计，简洁质朴中却多了一份宁静，不喧闹。书名下的两行行书——“用更适合的评价让学生成长得更优秀”——点出了本书的主题。按照自己读书的老习惯，我从序读起，了解了安阳殷都区课改的前因后果；主编的开篇语《擦亮教育的良心》，切中实际的“自曝家丑”，揭示了我们现时教育存在的“顽疾”，谈了自己的看法和主张以及课改所取得的实效。问题剖析直击根本，一语中的，让身为同行的我感同身受，频频点头，也激起了我迫不及待阅读全书的兴趣。全书共七章，从思想展现到课题确立、实施方案路径，再到书中一份份翔实的学科考核标准、考评细则和学段考评表，以及一份份与众不同的展现学生特色、记录学生成长的档案手册，真的是一改传统“唯分数论”的单一评价方式，真正以学生为主体，从学习、身体、品质、习惯、创新、独立精神、民主意识等方面进行主体多元无分数评价，改变了应试教育与素质教育“水火不容”的现状，促进了学生全面良好发展。

一起分享书中关键词：

主体多元：以学生为主体，多元主要体现在评价主体（教师、学生、家长、社会）、评价内容和评价方式（“考试”一般指主要学科的书面测试，比如语文、数学、英语的课堂测试、单元测试、期末测试等，用星级、均差、研究错题、激励性评语来展示；“考核”一般指无法或不便于书面考试的单项考核，比如查字典、朗读、背诵、口语交际等，用静态和动态操作来考核；“考评”一般指无法和不便于量化的考查评定，除考试、考核内容之外的情商素养，即非智力因素，如学习兴趣、学习习惯、学习方法、特长爱好、心理素质、创新意识、意志力等，一般用学科综合素养问卷形式进行自评和他评）及评价的层次化方面。

无分数：从观念上，淡化分数；从操作上，以等级取代分数；用一系列配套的评价措施和方案，全面地、阶段性地反映学生综合素质发展状况，同时还能激励学生发挥自己的潜能，培养学生的创造性和开拓进取精神。无分数评价对学生的评价更为详细具体，而远远不止一个“分数”所能够反映的内容。

掩卷沉思，这样的评价体系不正是我们教育极为需要的“一剂良方”吗？

学生需要它！

国情所限，分数使我们的学生成了学习的奴隶。学习本是件满足求知，从中获得快乐的美好事情，但现在却被异化成了最痛苦的事，致使孩子们越来越不爱学习。在单一的分数评价体系中，一好百好，成绩等于一切，成绩的好坏便可决定孩子的全部，因而，分儿是学生的命根儿。分数本无错，错在家长、老师、社会对待分数的态度。而所有的压力落在孩子的身上，学习战术、题海大战、死记硬背、一心只读书，除了书本知识，德、体、美、劳宁可一片空白。学生只为分数而读书，这不仅加重了学生的学习负担，更使学生陷入被动学习的漩涡，造成学生思维单一、缺乏创造力。这对教育的危害是很大的。要知道一个人的成才与成功更多取决于非智力因素，成长比成绩更重要！主体多元无分数评价可以改变仅以成绩评价学生的现象，多了几把评价的尺子，让教师在这种评价体系中找到适合孩子的评价方式。它关注到了分数评价无法体现的态度、方法、过程等学习品质和非智力因素（习惯、性格等），能更合理、更公平、更恰当、更准确地反映学生的全面素质，发展孩子的主体性，尊重孩子的智能差异，激发孩子的潜能，使孩子正确地认识自己，树立自信心，进入良性循环，成长为最好的自己！

老师需要它！

社会、家长对学校的评价也在分数上。学校之所以成为名校是因为升学率高。只有成了名校才不用发愁生源，还可以享受上级的“宠爱”，得以配备优质资源。实现高升学率的任务自然就落在了一线老师的身上。学生的成绩是老师教得好不好的扬声器。教师的评优、职称、工资，甚至是聘任、岗位的轮换都与之挂起钩来，所以说，分儿也是老师的命根儿。每次考试前，老师的紧张程度不亚于学生，因为考试后要排名，排名靠后领导要问责。所以教师自己也被分数压得身心疲惫。班级成绩优异的就是好老师，成绩不好则一切免谈，哪怕你更多地关注到了学生的非智力因素，都是枉然。这使得教师在课堂上关注更多的是学生知识掌握的多少、技能训练的成效，而过程与方法、情感态度价值观则处于边缘状态。主体多元无分数评价能使老师更加详细地了解班级孩子的综合情况，多角度发现属于孩子自己的闪光点，学会尊重学生的个体差异，从而因材施教。

家长需要它！

部分家长没有正确的教育理念和方法，仅仅看学习成绩，关心的也只是孩子的分数，分数高就奖励，分数低就批评甚至打骂。相信有了主体多元无分数评价，会引导家长理智地对待分数，关注孩子的其他方面，特别是非智力因素对孩子成长的影响；会改变家长的教育观念，使家长更加了解自己的孩子在方方面面的表现，对自己的孩子有一个全面的、正确的认识，从而促进家校共育。

《分数大变脸》这本书体现了应试教育和素质教育并不是水火不相容的，它们是可以和谐统一的，是可以形成一股合力促进学生全面发展的！让我们共同借鉴此书找寻更合适的评价方式，让学生成长得更优秀！

读《芬兰教育全球第一的秘密》有感

◎ 高淑萍

说起芬兰，想必大家跟我一样对它并不了解。它在什么位置？它有什么有名的地方？在电视节目中我们也很少看到它的踪影。但是读过这本书之后，我对这个在极寒之地的北欧小国竟有一种深深的敬意。

作者陈之华因工作原因举家搬迁至芬兰，她是两个女孩儿的母亲，在芬兰生活了6年，她访问了从首都到最偏远地区的50多所学校和数百位芬兰教育人士。她常常带着一种惊叹和感动表达自己的见闻，她平实的记录也让我对芬兰这个只有530万人口，严冬与黑夜漫长、生活环境颇为艰辛的国家心生向往。

现在说起芬兰教育，全世界教育界很多人都知道。每年有很多的访问团到芬兰去参观，教育已成为芬兰的一张名片，也创造出可观的经济收入。但书中又可以看到，芬兰教育人很害羞地说，他们并没做什么，他们还有很多地方做得不到位，他们在不断地改革。作者在书中不仅写了芬兰的教育，还从侧面写了这个民族——芬兰族。芬兰人务实，不讲形式，自尊心强，从小养成自我批判、自我管理的习惯等。透过这本书，我们对芬兰、对北欧也会有所了解。

芬兰教育为什么敢称全球第一？芬兰教育是全球最均衡、学生成绩落差最小的教育体制。芬兰是全球课时最少、课后复习时间最短、假期最长的国家。芬兰中学生被国际经济合作发展组织评价为整体表现全球第一。小小的芬兰为什么能做到这些呢？作者也带着这些好奇，走进了芬兰大大小小的学校为我们解密。

文中介绍了芬兰的教育，作为一个教育人，有几个方面我很赞同。

第一，芬兰的教育理念是“不让一人落后”，这不是口号，芬兰实实在在就是这样做的。芬兰的每个教育者心中都有一个共识：“我们这样的小国，不能容许社会上出现学习落差与失衡！”为实现这一理想，芬兰脚踏实地地走好每一步。首先，政府对教育的投入，无论是在首都、大城市还是在偏远的小乡村，学校的设施设备几乎毫无差异，都有室内体育馆、藏书丰富的图书馆、应有尽有的教学设备和资源，都提供免费的温热午餐和免费的计程车，保障每个孩子都享受平等的受教育权。其次，在教师配备上，芬兰小学教师都必须是硕士以上学历，教育系在选拔教师时，不仅仅看中分数，更通过面试考量其是否具有做好老师的潜质，比如：是否有较强的心理调适能力，是否有同理心，能否和他人合作分享，是否以孩子为中心，能否协助创造性辅导不同学习能力的学生，等等。教师在芬兰享有很高的地位，是很多人向往的职业。在教学上，每位老师都能得到充分的信任和自主权，老师们都很有职业成就感，都能安心从教；老师是从孩子成长的角度去做教育而不是将目标定在教学成果上，因为在芬兰，从不给老师和学生评比、排名。再次，芬兰教育不凸显“精英”，反而一再关注“弱势”学生。对于不足以适应小学一年级课程的孩子，学校设有预备班；对学习中暂时有困难的学生，老师会帮助分析原因，一对一辅导；对身体有残疾或有缺陷的孩子更是倾注更多的关注，配有专用的电脑和助教，在学校设施上给他们提供更多的方便，例如专用的体育设施、专用的淋浴池。在这里能真切地感受到平等。更让我们想不到的是，不光对芬兰的孩子这样，对移民或难民身份在校就读的孩子，芬兰教育也是倾注所有加以关注。整个社会花费极大心力在教育上，他们觉得是值得的，因为他们认为，通过教育，把我们可能视为“差生”的学生人数比例降到最低，以避免这些在学校的弱势者变成日后社会上的潜在问题与犯罪制造者，届时整个国家就得付出更大的成本去拼治安了。读到这些，我真为这个伟大民族点赞。没想到我们耳熟能详的“因材施教”“有教无类”“天生我才必有用”，在偏远极地的芬兰却演绎得如此完美。

第二,阅读是终身资产。根据国际学生评量计划(PISA)的研究,芬兰中学生阅读能力表现极为出色。在芬兰,阅读就是培养学生终生受用的生活兴趣。在芬兰很多家庭,孩子一出生,父母就会选择适合的图书陪伴其成长;孩子入学后,每天家庭作业之一,就是"至少半小时的自我阅读"。芬兰教育体系把阅读和写作视为极重要的学习与生活技能。芬兰的图书馆,是芬兰的人文地标。芬兰的各个学校、各条街道都有设计独特、新颖的图书馆,现代化的借阅设备,丰富的藏书,舒适的环境,还有富有童趣的儿童区等,在芬兰最让人享受的地方恐怕就是图书馆了。而且,每个图书馆的管理员都很专业,他们会向你推荐你所需要的图书,有时还会互动做一些阅读活动。在芬兰还有流动图书馆,服务于人烟稀少的地方。说起芬兰人爱阅读,他们会不好意思地说:"芬兰的冬季漫漫,在家阅读,是最佳的生活调适和润滑剂。"看来,芬兰人已经自然地把阅读当作生活的一部分,像每天吃饭睡觉一样必不可少。

第三,课程注重生活技能的培养。作者初到芬兰,整理房间时,朋友过来帮忙走线、装灯,——在芬兰人力成本非常高,所以很多事情自己要会动手干——朋友走后,这个在台湾长大的女主人也不得不学着装上剩余的灯饰。芬兰的基础教育课程中就安排有工艺课和家庭经济课。芬兰的男生和女生,从小就开始一起学着打毛衣、踩缝纫机、拼接电路、认识各类食材、煮菜做饭、烘焙制作、分类整理衣物。在芬兰,无论学校大小,所配置的家庭经济课和工艺课都俱全,而且非常重视学生安全防护的配备。孩子们在几年的学习中,一个个都成为生活的小能手——会生活也是多么重要的学习啊!

芬兰的教育全球第一,读过这本书后,我觉得他们做得如此务实、细致、投入,第一当之无愧。也许国情不同、环境不同,但是对待教育的那份挚爱应该是一样的,我们的教育正在改革,更加关注孩子,眼中有人做教育,相信我们也会创造属于我们的奇迹。

自在的课堂　快乐的学习

◎ 高淑萍

“任何人都没有权力剥夺小孩子的快乐。”这是澳大利亚基础教育的基本理念。澳大利亚的小学首先考虑的是学生在学校会不会快乐，并时时处处体现这种思想理念。

“Learning is fun!”（学习是快乐的！）这是我们访问的新南威尔士州车士活小学的教学理念。校园里，到处可以看到充满灿烂笑容的学生们。他们无忧无虑地进行着各种体育活动，也有不少学生和老师在一起排练节目。见到我们这些亚洲面孔的外国人，他们会用英语或汉语向我们大声问好。

步入走廊，我们都惊讶于眼前的“凌乱”。漫步其中，首先映入眼帘的是一只五彩斑斓的“鸵鸟”，它的身上是各色彩纸折叠成的千纸鹤，头和脖子用银纸包裹着，显得华贵高雅，一双绿色的运动鞋使它充满了生命的活力。还有一些在我们看来很不起眼的树枝，被孩子们缠上不同颜色的毛线，就变成了一件艺术品。像这样有创意的作品，走廊里、墙上比比皆是。

随意走进一间教室，如同来到一个温馨的大家庭：孩子们的书包和帽子整齐地摆放在教室外的架子上，教室门上张贴着老师和所有孩子造型各异的照片，教室里面到处都是学生的作品，墙上、墙角、地面、天花板，所有能利用的空间都利用上了。每间教室里都有图书角，只要学生想看书，可随时满足。电脑、录音机、电子白板这些辅助孩子学习的设施一应俱全。每一个教室的布置都没有重样的，用我们的眼光去看，教室似乎有点“乱”，但却充满了生机和个性。

在教室里听课,我们发现孩子是开心的、主动的、专注的。从幼儿园到六年级,除学生的年龄、身高有差别以外,基本是以小组合作的学习方式进行的,没有太大区别。课堂主流教学模式是游戏教学法,自由活跃。学生上课姿势千姿百态:有的站着,有的坐着,有的跪着。教师关注的是学生怎样学习,而不是学习得怎样。

在一年级的课堂上,教师先播放了两段视频,一段是关于企鹅的,一段是关于狮子王的。观看完视频,教师提问:冷的地方住的有什么动物?热的地方住的有什么动物?冷的时候要穿什么衣服?……完全是开放性的问题,需要孩子认真观察,结合生活积极思考。之后,教师将物品进行演示分类,让学生指出热的房间里谁可以进去,冷的房间里谁可以进去。每个孩子都有上台展示的机会。当一个孩子在讲台上操作时,其余孩子要学会等待。老师说:"如果还没有叫到你,请不要伤心,希望你先从别人的问题中找到答案。"最后给每个学生发一张作业纸,要求分别画出生活在热的地方和冷的地方的动物。整个活动过程中,孩子专注参与、深入思考,很快乐地学习。

在另一个班级,我们看到孩子两三人一组地聚在一起。每组的任务都不同,有的在读写单词,有的在画画,有的在玩积木,有的在玩电脑游戏。我们走近一看,才知道是玩跟数学有关的游戏,有单词排序,有数字排序,还有颜色排序,都是有关序数的知识。老师没有任何指导和语言。孩子们只是在一次次地尝试和操作,两人一组合作玩,孩子们很随意,他们自由地摆放汽车的顺序。虽然汽车开不走,但孩子在多次观察、尝试中发现,只有将汽车按照红色、绿色、黄色、蓝色、橘色的顺序排列的时候,企鹅先生才会让汽车通过,便明白了里面蕴含的规律。学生的确是在玩中轻松地学习到了新的知识。

澳大利亚的一位培训者说:"知识像海洋,如果把学生带到同一个地方,给每人一根吸管喝同样的水,几年后呢?有一天吸管没有啦,怎么办?要教会学生游泳,鼓励学生游到不同区域,吸取不同的营养,教师就要创造条件让孩子自主在海洋中徜徉。"澳大利亚的教育确实是这样的。

"唯师是听,唯师是尊"在这里是不可行的。这里的师生之间一个做导演,一个做主演,和谐而融洽。例如,在阅读活动中老师是个提问者,他常常会说:"我想知道……""我不太懂这句话的意思,请你帮我在书中找到答案。"在科学活动中老师是个观察者,他会蹲下来、坐下来和孩子们一起讨论、一起分析,像孩子的朋友一样,提供支持与帮助。面对孩子的答案和作品,老师常说的一句话是:"太棒了!""真有创意!""你简直是个天才!"听着老师的赞美,孩子变得越来越自信,也更加信任自己的老师。这里的老师不是先知先觉,只是在活动中帮助学生找到学习的方法,让有共同爱好的学生思想碰撞,激发智慧的火花。因为师生之间没有距离感,学生会和校长一起吃早茶,和老师一起聊天,在轻松自由的环境中自我完善,不断成长。

"这样自由自在的课堂,孩子犯了错误会怎样处理呢?"我们好奇地询问。车士活小学的老师笑笑说:"孩子总是调皮的,怎么会不犯错误呢?我们把这看成再正常不过的成长现象。我们不批评学生,倡导弥补行为缺陷,不是批评惩罚,而是改变。只说现象,不下结论,让孩子自己感悟,自我改变。"

澳大利亚的学习,让我真切地感受到:在生活中教育,在游戏中教育,教育是无形的。自在的课堂,快乐的学习,澳大利亚的基础教育做到了还给孩子一个真正的童年。

遇见正当时

——记苏州大学培训

◎ 毛秋风

人们总说相见恨晚，既已相见，便不早也不晚，正当时。就如我和苏州大学的遇见，早了，可能也体会不到专家所说的话的精髓。正是这几年在工作室获得成长，在自己的思想急需一个思考沉淀的时候，迎来了这次培训，刚刚好。

学习的这几天正好赶上江南的梅雨季节。每天撑着伞，踏着青石板，来往于苏州大学这座百年老校，看着那青砖红墙，仿佛时光穿越，触手可及的历史就在眼前。听着教授的讲座，心是如此安静。

苏州园林文化中的教育之道

提起苏州，不得不说园林。我们的第一节讲座就是围绕园林讲的。

夏骏老师从苏州的名字讲起，从铸剑说起，现在的街道名字中还保留着历史文化。从苏州园林最早的主人们谈起，园子不仅诉说着这些文人的生活，也反映了明清时期的文化，更让夏教授从中看到了教育。一是自然，自然之道。二是慢。教育是属于农业的，不是工业化的生产。我们要像农民一样，把每个孩子当成一粒种子，春天播种，然后就是等着发芽，长大，开花，结果……这个过程是需要漫长等待的过程，和我们教育需要守望一样。在这个过程中，农民要不定期地浇水、施肥、除草、培土等，而我们的教育又何尝不是要给孩子讲道理，指引正确的路呢？农作物多样，每一样的耕种方法都不一样；我们的学生也各不相同,也需要因材施教、因人而异。我们需要慢慢等待每一粒种子生根发芽,开花结果。

另外,夏教授从苏州园林文化元素的联想与启示中得到的几条教学方法,也值得我们深思。

首先,从苏州园林的石头选择上看到的四种教学方法。

透:对自己所教的学科要明确,课堂要凸显学科特点。以我所教的语文为例,语文教学最主要的是阅读和习作,并会与人沟通交流,课堂上的听、说、读、写都是为将来服务的。教师一定要回归语文本体性教学,对学科知识结构做到心中有数。要很好地研读教材,还要丰富自己的文化底蕴。

瘦:课堂教学内容要张弛有度,取舍有数。不是所有的知识都要教,会的不教,教了也学不会的不教,以后要学的不教,把握好学段要求。不要眉毛胡子一把抓,觉得哪儿都是重点,要学会合理选择教学内容。

漏:教学要学会留白,要给学生思考的时间,要给学生发展的空间。

皱:课堂要有悬念,节奏上要有起伏变化,要设计问题情境。平静湖面起微波,一石激起千层浪,这样才能吸引学生,才能引导学生深入地思考问题、研究问题。

其次,从苏式盆景建造上领悟到的三种教学方法。

自然天成:每个老师的教学都要有自己的风格和特点,也许初期是学习别人的,但后期要通过自己的努力找准适合自己的教学方法,把个人魅力融入教学,形成自己独有的、浑然天成的个性课堂。

构思精巧:我们不可能每堂课都是精彩的,但我们只要关注细节处,每节课都有一个小亮点,哪怕只有一分钟,长此下去,不断优化自己,相信课堂会越来越好。

文化浓郁:作为一名语文老师,没有深厚的底蕴,有些文章是看不到深层次的东西的,也不会有自己的独特见解。要不断学习,提升自己的水平,提升自己的语言品位。

最后,从园林的造园技巧上体会到的教学方法。

借景生情:没有景物,我们就借别人的。比如,我们要说明一个道理,可以借讲故事;事物说不清,我们可以打比方;等等。

景随步移:随着前行,我们看到的景物在不断地发生变化,教学中可以换个角度看问题,可以做变式练习,可以联系生活思考问题,等等。

生命是一段旅程

这是庄惠芬老师就她的工作室的开展作的报告:

我们的人生,是由多段旅程组成的。在每一段旅程中,我们要不为彼岸只为海。不能只为了此段的彼岸,只为了终点,而忽略了沿途的风景,这样留给我们的只有匆匆的脚步声,而那脚步声也随着彼岸的到达慢慢消失在耳边,只是记得走过这段旅程,至于是什么,已经烟消云散了。我们要学会在跋涉中欣赏风景,也许还会遇到不同的朋友,在这段共同的行程中,体会相遇的美好,一路的欢声笑语,一路的浅笑低吟,都会是这段旅程中最美好的记忆。

就如我们路程中和孩子相遇。我们不仅有到达彼岸的期末考试,还有从此岸到彼岸这段旅程中所有美好的记忆。就如和工作室的相遇,每次和工作室老师们相聚都觉得时间过得好快。

教育原点的追问

看着陈国安教授那几个大大的书房,我感到震撼。我自问:我们在要求孩子好好读书时,我们读了几本书?我们在责备孩子做得不好时,是孩子真的做得不好,还是没有达到我们预期的目标?孩子出问题,原因百分之九十出在家长身上。

时刻记住教育孩子的三面“魔镜”:

一是放大镜。把孩子的优点放大来看。孩子有好的表现,立刻称赞,以此增强孩子的荣誉感和自信心。

二是缩小镜。把孩子的缺点缩小来看。对孩子的无心之错要宽容,淡化他的疏忽,安慰之余再陪同他一起检讨改进的方式。

三是望远镜。把孩子的前途放远来看,放下焦虑和功利心态。让我们一起陪伴孩子,静待花开!

现行教育体制不尽如人意,但不是我们个人之力所能改变的,我们唯有改变自己的心态,调整自己的方法,在体制内做自己想做的事,好好阅读,多读点教育理论书和哲学书,提升自己的境界,好好学习新的知识,扩展自己的视野。

情怀、担当、原创力

在细雨中,我们步行来到这所百年老校——苏州十中。古老的房子是那样的窗明几净,不像校园,更像园林。

百年校庆的宣传片,让我们了解了这所学校。那一草一木、亭台石块,无不在向我们讲述。我感觉自己好像置身于那大讲堂,听台上的大师们在讲文哲史经,感受着他们对教育倾注的全部热情和奉献。

柳袁照校长为我们作了报告。他的报告几乎全用图片说话。他从2016年高考作文题入手,引出"看图写话"这个话题。高考作文,在一定程度上延续着传统文化的写作传统。基于此,柳校长运用图片的形式带着大家一起回顾了范仲淹的《岳阳楼记》、王安石的《游褒禅山记》、苏东坡的《前赤壁赋》,柳校长不仅指出了这些古人的优秀作品的写作套路,同时也带领大家思考:世界万物,都可以作为王安石、范仲淹等表达思想、情感的载体,我们如何也能从一草一木、一人一事中获得对人生特别是对教育的感悟,从而渐渐提升我们教育的品质与境界?

柳校长从自身的生活经历出发,向大家一一展示了他是怎么作诗的。一张图配一首诗,几张图成一组诗;一张图写一段感受,由一段感受写出一篇文章。以此告诉我们,做一个有诗性的老师,做一个有情怀、有担当、有原创力的老师!

学科研究

黄厚江老师就教师的专业成长说得最多的就是学科研究。我们每天都在教学,具体教了什么？不知道。因为我们从来没有思考过这个问题,或者是我们不善于发现和总结问题,所以我们的科研做得很不扎实。

他的讲座给我如下的启示:一是写文章、写论文不是讲方法,而是要有储备。这个储备是要爱自己所教的学科,爱自己的课堂,像爱家人一样去爱。然后就是把一个问题想透彻,打破砂锅问到底。二是我们进行学科研究的目的是效用。“效”指的是效益,能解决学生的问题,对学生有帮助,也就是要让学生在考试中有效果;“用”指用处,课上的对学生有用,不仅是应付考试,更关键的是长期有用,对学生有所启发,使学生有所收获。

特别的爱给特别的你

于洁老师的讲座,3 个小时,无人离席,没有高深的理论,只有和学生之间的故事。那个迟到一年的女生,那个班级的纸片人,那个装在套子里的人,无不牵引着我们的心,随她一起走进故事。间或听到轻轻的啜泣声,那是被于洁老师深深地感动了。她一袭长裙,瀑布般的长发,讲一口江南女子特有的吴侬软语,很温柔。没想到,她娇小的身躯下,竟然有如此强大的内心。那一摞摞的家校联系本,那《致青春》,还有《红了樱桃》《绿了芭蕉》,记录着师生的过往,点点滴滴。

联系自己,就感觉差距好大,说天壤之别毫不夸张。班主任工作很累,事情很琐碎。她说:“时间是海绵里的水,挤挤总有的。我不愿意做苦行僧,也不愿意做蜡烛,我愿做有电源的灯,唯有生命有质量,教育的路才可能走得长久遥远。”她还说:“这些别人也许很难做到的事情,我一路坚持下来了,自然而然,不是刻意,也不做作,旁人以为我苦,其实我很幸福。”做一天容易,做两天容易，不容易的是一直做下去。这需要坚持，坚守。

听她的讲座，我不仅感动着，也思考着。老师除了爱学生，还需要真正走入学生的内心，了解学生的需求，随时记录学生的点滴生活，随时撒种，随时开花，将这一旅程点缀得花香弥漫。我呼吸到了更多新鲜的空气，看到了更多美丽的风景。

此后的报告带给我不同程度的震撼和感受。成尚荣老师的沙龙告诉我，有改革才有教师的成长，而改革来自自己的变化、对问题的思考、思考所带来的困惑，这困惑会促使你去学习、去探索，随之带来的就是你的不断前进和成长。我们要学会在别人的故事中获得启示，要学会面对看到的问题、现象、行为，去了解其本质，探究其蕴含的教育理念。刘洪老师的讲座告诉我一生做好一件事足矣，做最好的自己！

烟雨蒙蒙，撑伞信步江南的日子已经远去；青苔爬旧阶，绿藤漫屋壁的景象依稀还在眼前。随处可见的竹林假山、几番庭院错落的园林、平江路上的青石板、斑驳的墙壁、古朴的石桥、河道两岸的店铺，连同那摇船的阿姨，都留在了记忆深处，还有各大名家的精彩报告，也一同留在记忆里，留待将来细细回味，慢慢咀嚼。

学习，永远在路上

◎ 王　娜

"舞叶秋风落尽时，岸榛浮雪玉盈枝。"2016 年 11 月中旬，正值秋末冬初的北京天气稍寒。我有幸参加了语文出版社组织的培训活动。为期十天的学习，内容安排特别丰富，整个培训在访名校、听课观摩、听专家专题讲座三种形式间穿插有序进行。

一、访名校

在访名校活动中，我亲身体验到了北京四所不同层次的小学对教学资源的开发利用及其各具特色的办学理念，我感受到了每个学校的起步、定位和发展的不同侧重点，每一所学校都有的放矢地走出了属于自己的特色之路。

以楼梓庄中心小学为例。朝阳区楼梓庄中心小学始建于 1917 年，是一所有着百年历史的农村小学。学生中外来务工人员子女比较多，全校 900 多名学生，约 70%是外来务工人员子女，来自全国 20 多个省市。学校以"习作教育"研究为特色，围绕习作与阅读、习作与课程改革、习作与学生实践等，将传统的"习作教学"提升到了"习作教育"的层面，走出了一条农村学校城市化的成功之路，被北京市基础教育研究中心确立为唯一一家"习作教育"实践研究基地校，已承办多次市级以上"习作教育"现场会，开创了习作与阅读两大领域十余项课程。学校每天早上安排有 20 分钟"日记分享"时间，学生自主进行展示评价，每天每篇日记要求全校教师参与批改，学期末形成自己的“成长点滴”；中午的数学游戏时间，不同年级有各自的数学益智游戏玩具，锻炼学生的思维和实际操作能力。教师成长也经历了最初的“被迫无奈，逼着成长”到现在的自觉主动学习的过程，每个老师都有自己的“拿手好戏”。这个学校的特色是双语教学，所有学科的教师都能用汉语和英语进行教学，体育老师也不例外。教师乐队的组建也是最好的证明，教师们从最初对乐器一窍不通，完全利用业余时间训练，到现在的演奏水平接近专业乐队，每次接待大型学习活动的开场曲都由他们完成，令众人惊讶，也成了学校的一大亮点。在网上搜索学校课间操视频，见到他们将瑜伽和太极、中文和英文古诗融为一体，一个比一个难度大，也一个比一个精彩。大课间时，孩子们整齐地变换着各种队形，当队伍呈现一个巨大的蝴蝶形状时，赢得全体国培学员的热烈掌声。我亲眼见识了什么叫动作整齐划一，什么叫养成教育，享受了一场视觉上的盛宴。

另外一所是全国示范小学史家小学。史家小学始建于1939年，学校是联合国教科文俱乐部组织成员，是一所真正的国际化小学，全国名校，也是中央机关、各大部委在外事活动中重点选择的小学。学校于1974年便有了计算机教室，学生参与外事访问欢迎活动是常态，经常有与外国元首面对面接触的机会。这所学校也是最受国外小学生欢迎的游学之地，友好学校遍布世界各地。走近每个孩子，你都能深深感受到成长在国际化视野中的学生的那份大气。学校还积极探索考试方法改革和完善监控评价体系，实施多维立体动态评价，采取单元测试重考制、综合考试分项制、学科能力竞赛制、期末考试免考制、分层次选考制等多种考试方法改革，减轻学生的学习压力，使“减负”真正得到落实。

二、听课观摩

语文出版社精心组织安排了十余节观摩课，授课教师从区级骨干教师到特级教师，我们国培学员也参与了同课异构，展示说课活动。观摩课授课内容从识字教学到阅读教学、习作教学，特别接地气，一节节精彩纷呈的观摩课紧扣课标，基于语用的精巧设计，注重学情，少了花里胡哨的套路，每节课都有自己的亮点。以特级教师张赛琴的习作教学课堂为例，具体说明：

作文教学一直都是令语文老师头疼的问题。长期以来，教学方法不当、训练文体单一、读写分离等种种问题，令我们小学作文教学呈现出一种“耗费时间长，教学效果差，教师不会教，学生害怕写”的窘境。语文特级教师张赛琴却最喜欢给学生上作文课。张老师的作文课呈现出一种全新的面貌：课堂上充满欢声笑语，妙趣横生；学生很轻松地掌握了各种写作技巧，作文越写越精彩，真的是“把语文教到学生心里”。张老师用幽默的语言和生动的事例，让学生在笑声中学会写作文。

她的“现场演示教学法”，犹如黑暗中的一缕光。在实际教学中，张赛琴老师发现，“主题明确、层次清楚、详略得当”之类的写作要求太过概念化，如果没有好的教学方法，只是干巴巴地提要求，不仅课上得无趣，学生也很难得到真正提高。她提倡“现场演示教学法”，在课堂上带着学生比赛、模仿、猜想，通过这种类似游戏的活动激发学生的学习兴趣，培养他们的表达能力。在生活中寻找素材。写家务劳动，她就让学生在课堂上剥大蒜，一边剥一边口述动作，再整理成文；写天气，她让学生画闪电、模拟雷声和雨声，并发挥想象展开描述。在一个个教学活动中，学生几乎像玩儿一样地学会了比喻、拟人等表达方式。生活被转化为“形象化的作文”，作文则成了“文字化的生活”。

三、听专家专题讲座

在学习培训中，共听了八场专家专题讲座。专家们的讲座各有特色：有的妙语连珠，有的风趣幽默，有的魅力四射，有的深入浅出，有的高屋建瓴。从选题上我们就可以感受到切中实际，也是我们一线教师真正所需的理论学习。我以语文出版社王旭明社长的讲座《教真、教实、教好语文》为例，简单概述。

语文出版社社长王旭明提出“真语文”概念，倡导实践“真语文”主要内容有六条，颇值得思考。第一，语文教学与人生最接近。语文教学塑造学生的心灵，语文教学最该真实、真诚、真情、真切，让我们本色教语文，认真教语文，使语文回归本真状态。第二，工具性与人文性的统一是语文课程的基本特点。语文课程的人文性蕴含于工具性中，要紧扣字、词、句、段、篇教语文，贴近学生的兴趣和生活需要教语文。第三，语文课程是实践性课程。语文教学要致力于培养学生的语言文字应用能力，提升学生的综合素养，我们提倡在教与学的如下三个方面体现真语文的教学风格：教师要真讲，学生要真学，评价者要真评。第四，把提高学生的语文素养作为语文教学的首要任务。第五，充分发挥语文教师在语文教学中的主导作用。语文教学不装、不演、不做作，慎用多媒体教学设备，让学生真正成为语文学习的主体，真读、真说、真写、真对话。第六，努力拓展语文教学空间。语文是影响学生一生的重要课程，语文是关乎学生精神成长的重要课程；语文是所有学科教学的基础，语文是每一个人终生学习的重要内容。教真语文，教实语文，教好语文，才是我们最需要的！

短短十天让我学不来“京味的普通话”，就匆匆地返回了。一次次震撼心灵的讲座，一堂堂各具特色的观摩课，一所所各具文化特色的学校，都留在了记忆中；理论的培训学习，现场的教学观摩，众多的学习内容，还得在回来之后慢慢地“消化吸收”。我们或许记不清楚曾吃过的每顿饭，但是终究会有一部分转化成我们身体里的血和肉；我们或许记不全面每次的学习内容，但是终究会有一部分长成在我们的骨子里，化为精气神儿！博观而约取，厚积而薄发，唯有不断地学习，才能使我们的课堂活水绵绵！

静闻花香:教学成果

在语文教学中培养学生的问题意识

◎ 高淑萍

传统的语文教学普遍存在偏重教学内容和教学方法的现象，教师的“主导”代替了学生的“主体”，课堂上学生只能就教师提出的问题作答，学生的疑点和问题由于种种原因从不涉及，这样，学生与生俱来的好奇、好疑、问题意识就会渐渐消失殆尽。学生长期处于被动的状态，思考问题、提出问题的意识和能力明显不足。这种现状与新世纪基础教育改革的目标要求相距甚远，迫切需要改进和完善。学生问题意识的培养，我认为应从以下几个方面入手：

一、营造氛围，构筑民主平台

教学是师生共同的精神生活过程，民主、和谐、活泼的课堂氛围，不仅有利于学生自主学习，思维达到最大程度的活跃，而且可以消除学生的紧张、焦虑、畏惧心理，让学生充分发挥灵性、展示个性，调动学生参与探索的主动性、积极性和自觉性。

在实际教学中，传统的师生关系仍然起着主导作用，学生见了教师仍有点“怕”，害怕自己说错做错，受到批评或指责，所以，在教学中教师首先应尊重学生，充分认识到学生是一个有着自己意识的主动活跃的人，在完成教学任务的过程中是一个可积极合作的对象，教师要坦率、真诚地面对学生，要信任多于批评、鼓励多于指责，允许学生犯错误，决不能用语言或行动挫伤学生提问的积极性。如学生在课堂上提问或答题不严谨、不完整，要允许学生想好再说，允许其他学生补充说明，有不同意见允许争论，必要时甚至允许学生不举手自由发表意见；教师对学生提问或不同意见都应表示欢迎，尽可能给予表扬。

教师应改变自己的角色和教学观念，在教学中成为学生成长的引导者、帮助者、支持者，善解学生，平等对待学生，为学生提供平等参与机会，乐于和学生交流。学生消除了顾虑，就敢于向老师提出问题，说出自己的思想，敢于向权威挑战，提出不同的见解和思考。

因此，教师在教学过程中，必须积极地与学生进行双向交流，融洽师生关系，活跃学生思维，从而激活学生的问题意识。

二、创设情境，激发探究欲望

托尔斯泰说过："成功的教学所需要的不是强制，而是激发学生的欲望。"小学生的好奇心强，求知欲旺，对新鲜事物非常敏感，想象力丰富，如果教师不能想方设法使学生处于情绪高昂和智力振奋的状态就急于传播知识，那么很容易造成学生以冷漠的态度对待学习，而没有浓厚的学习兴趣，学习就会成为学生的负担。因此，在教学中我努力营造良好的探究氛围，让学生置身于一种探究问题的情境中，以激发学生的学习欲望，使学生乐于学习。如我在教学《海底世界》时，创设了这样一个情境：由自己来当船长，学生当潜水员，通过播放录像，船长带领所有潜水员"潜入"海底。潜水员在海底尽情观赏一番后向船长汇报。学生观看着录像，犹如身临其境，争着想要汇报。有的同学说："我发现海底有很多声音。"有的同学说："我发现海底虽然很暗，却有许多光点。"……学生们各抒己见，畅所欲言。针对学生的发现，我给予学生一定的表扬、赞同，从而增强了学生学习的自信心，激发了学生探索的欲望。

三、强化意识，鼓励质疑探究

培养学生的问题意识是进行问题探索的第一步。问题意识是思维的动力，是创新精神的基石。培养创新精神，应始于问题意识的培养。所谓问题意识，是指人们在认识活动中经常意识到一些难以解决的、感到疑惑的实际问题或理论问题，并产生怀疑、困惑、探究的心理状态。在阅读教学中，我注重引导学生产生疑问，解决疑难。比如在教一节新课前，先引出课题，让学生读题后设计问题，再针对学生提出的问题，结合课文内容，采纳有价值的适合探索的问题，引导学生带着问题去读课文。此时，求知的欲望牵动着学生，学生就会做到有目的、有针对性地学习。同时，教师应关注成绩中下等的学生，在回答问题方面，他们缺乏自信心，对于他们发表的意见，哪怕有一点点正确，都要给予肯定和鼓励。教师始终以学生学习的组织者、引导者、合作者和促进者的身份出现，为学生提供自我探索、自我思考、自我表现的空间。每节课都要给学生留出思考问题的时间，让学生提出有不同价值的问题，久而久之，学生就会养成良好的问题意识习惯。

四、自主合作，培养探索精神

教学中，不仅要教会学生会学习，还要教会学生会自主、会合作，让学生主动探索知识，这有利于提高学生的学习兴趣。因此，教学时我经常引导学生互相讨论、互相交流、互相评价。小组合作探究的学习方式带给学生广阔的空间，大家都争着要表达自己的想法，课堂气氛也活跃起来，学生在愉快的学习中也获取了知识。如教学《荷花》时，我引导学生有滋有味、全神贯注地看这美丽的、动人的荷花，边看边想：用怎样的语言来赞美这美丽的、动人的荷花呢？随之用课件呈现多幅荷花照片并播放背景音乐，学生无拘无束、津津有味地观赏。看后先鼓励学生小组交流，再鼓励学生自由起立交流。学生的赞美句式有：

A.荷花，你真美啊！

B.荷花，你的美丽多么让我喜爱呀！

C.荷花，你美丽动人的形象将永远留在我心里。

D.荷花,你的清香是那样迷人,你的形状是那样美丽,你的姿势是那样动人!

这样,学生主动参与学习,真正成为课堂中学习的主人,不仅提高了自学能力,而且提升了探究能力。

五、教给方法,提高质疑解疑能力

一个好的教师要善于设问,激发学生思维,激发学生想问、敢问、善问是创新学习的关键;一个好的教师要热情地鼓励学生质疑,学生提出一个问题,胜过教师讲解十个问题,可见学生质疑的重要性。因此,教师除了要抓住学生思维活动中的特点和难点,创设质疑氛围,以引起学生探究问题的欲望,还要教给学生质疑的方法,让学生学会把学习过程中有价值的疑难问题提出来。可评选出最佳问题,表扬问题的提出者。同时激励学生多想出解决问题的方法并寻求最好的解决办法,可评选出最好方法或最佳答案,让学生明白:不是没有问题了,可能还有新的问题;不是没有方法了,可能方法还很多;不是唯一的答案,可能还有更好的答案。例如,教学《司马光》这一课,可以引导学生想一想,除了用石头把缸砸破,还有哪些办法能救出那个掉入缸里的小伙伴?当学生想出搬一把梯子来救他,以及用一根长绳子把他救上来等办法时,再让学生比较哪种方法更好。通过先激发学生求异,再引导学生求佳,提高学生质疑和解疑的能力。

六、成功教学,给予学生成功体验

学生渴望成功,成功更能激发他们的问题意识,所以,教师要善于运用有效的激励手段,通过精心设计符合不同知识基础和能力水平的问题,为每个学生的成功创造条件和机会。假如学生提出了不合理的问题,也要首先肯定学生思考问题的主动性、积极性,然后共同分析问题不合理的原因,让学生自悟自明,获得成功的喜悦。

朱熹说过:“读书无疑者,须教有疑,有疑者却要无疑,到这里方是长进。”这是对学习中问题意识科学而辩证的阐述。因此,在教学中要培养学生自主探究的能力,教师要善教、善导,只有在教师巧妙的教导下,学生才能在课堂教学中处于主动学习地位,开创思维,自主探究!

绘本的教学策略

◎ 毛秋风

根据绘本内容及教学目标的不同,我们在实践中总结出绘本的教学策略有以下几种:

朗读法

朗读法适合于语言优美,偏向于抒情类但故事性不强的绘本。比如《等等》《猜猜我有多爱你》,文字不是很多,甚至语言结构也很相像,这类绘本教师可通过朗读引导学生在感受画面和文字中培养良好的语感,欣赏语言。

《圆圆的月亮》,整本书的基调是蓝色的,有一种柔柔的、静谧的美。它向我们描绘了月光下,窗边的少年、房顶的猫、迷路的狗,画面很美,语言简洁朴实,是一本充满诗情画意的绘本。以诗意的语气诵读,带给学生宁静和美好。

特别是"启发精选童诗绘本系列"比较适合朗读法教学,比如《蝴蝶·豌豆花——中国经典童诗》中"一只蝴蝶从竹篱外飞进来,豌豆花问蝴蝶,你是一朵飞起来的花吗?"这样的句子,也只有朗读才能读出味道来。

朗读可以放到晨诵课上进行,采取分组读,分男、女生读,自己读等方式,最终使学生受到文学语言的熏陶,积累文学语言。教师在为学生朗读的过程中,要将自己对绘本内涵的感悟、对文字的品味,乃至自己的阅读感受,通过声音、神情传达给学生,给学生强烈的情感熏陶、无声的语言滋养和畅快的阅读享受。也可仿照文中句式进行再创作，表达自己的想法和感悟。

讲述法

绘本本身所讲述的就是故事，而低年级的孩子最喜欢的也是故事。我们老师需要做的就是用自己的感受、自己的声音，把故事讲述出来。

爱是什么，能说清吗？但《爱是一捧浓浓的蜂蜜》就告诉我们：爱是可以触摸的，可以感受的，可以品尝到的，可以观看和欣赏的，可以聆听的；爱是温暖的、轻柔的，甚至是香甜的。在故事中，孩子们认识到，爱就在我们日常生活的小事中，爱可以那么具体，那么生动！他们明白了：爱是每天妈妈做的可口的饭菜，爱是回家的一个拥抱，连妈妈的唠叨都是爱呀！这就是绘本的魅力所在，这也是我们所说的教所达不到的效果！

《小熊不刷牙》告诉孩子要养成每天晚上刷牙的习惯，《是谁在门外》让孩子学会友善与互助，《一个长上天的大苹果》让孩子学会分享，《大熊有一个小麻烦》让孩子学会倾听与倾诉等，这些道理都可以通过故事娓娓道来，而且孩子记得也很牢固。

看图想象法

绘本中的图画与文字共同承担着故事的讲述。有人说一个绘本有三个故事，图画是故事，文字是故事，图和文结合是另一个故事，这也充分说明图画的重要性。特别是无字书，更是要通过认真看图画，才能明白所表达的意思。《雪人》是一本无字书，这完全需要我们借助图片，加上想象，组织语言，才能表述出这个故事。

绘本与别的书不一样，它从封面到封底，都藏着秘密，等着我们去发现。

首先，从封面开始想象。

当我们把书展示给孩子们看的那一刻，就已经引起了他们无穷的想象。

《图书馆狮子》,光听名字,就很好奇,图书馆怎么可能有狮子呢?再看封面,一只狮子蹲在小女孩背后,和小女孩一起看书,另外一个小男孩背靠狮子也在看书,他们背后是书架。看到这些我们不由得想:他们和狮子在一起不害怕吗?狮子会看书吗?图书馆能进狮子吗?问题一个接一个,孩子们都听得无比认真。

进入环衬。不要小看这环衬页,它和故事是息息相关的。《我爸爸》的环衬页上的图案初看可能不明白,仔细看就会发现,那是爸爸睡衣上的图案,往后细看,会发现爸爸在所有场合都穿着这一身衣服。这是为什么呢?引发孩子想象。而有的环衬还会提升主题,甚至表达出另一种结局。比如《隧道》,前后环衬背景相同,都是左边花卉右边红砖墙,不同的是前环衬花卉下面有一本图画书,而后环衬中这本图画书放在了红砖墙下面,且与一个足球在一起,什么意思?作者为什么画的是花卉和红砖墙?它们有什么特殊的含义吗?

还有扉页。有的是和封面一样,但有的恐怕就需要你仔细观察了,也许看几遍都发现不了它的秘密。《母鸡萝丝去散步》,初看,扉页中好像是一幅乡村图,读完全书回头再看,哦,原来是萝丝的散步图呀。对照图,我们可以一一找到那只狐狸在哪里踩到了钉耙,在哪里掉进了池塘,回头再读一遍,孩子们的阅读兴趣更浓了。

我们让孩子们从读封面开始,然后读环衬、扉页,展开想象,以此激发孩子们的好奇心,充分调动孩子们的阅读兴趣,使其对故事充满了期待。

其次,在故事情节中想象。

进入正文的故事,我们可以边讲故事,边引导孩子们想象,一方面让孩子们充分展开想象,进入故事;另一方面,使孩子在想象中,对故事的发展更期待。

比如《你是我最好的朋友》,小白鼠娜娜会和盲象成为朋友吗?她会怎么向盲象介绍各种颜色呢?盲象最喜欢的颜色会是什么色呢?这些猜测,无不引发孩子们的幻想,令他们浮想联翩。

《小猪变形记》也是一本很好的绘本。小猪下次要变成什么呢?如果是你,你想变成什么呢?读完后看前后环衬页,更会有发现!原来这些动物的排列顺序是有讲究的,就是故事中小猪依次变形的动物呀!

故事中的小细节也是不容忽视的。比如《阿利的红斗篷》,当阿利高兴地穿上新斗篷时,你有没有发现斗篷有什么变化?是的,黑脸羊已经偷偷把斗篷啃出了几个“锯齿”。那明年人们会说什么呢?明年的阿利要干什么呢?

游戏扮演法

绘本中的角色大多是动物的形象,这很符合儿童的心理特点,特别是读到动情处,孩子会以动作做出回应。在游戏和扮演中,故事不仅仅是故事了,孩子会以他的认知和解读,在同伴的共同合作下,通过自己的动作和语言表达出来,这种方式更能让我们感受到他们对故事的理解和体会。

讲述绘本《猜猜我有多爱你》时,可以由老师扮演大兔子,由学生扮演小兔子,进行对话表演,然后同桌互相表演。

阅读《月亮的味道》后,可以问学生:想不想尝尝月亮的味道呢?然后可以分组扮演文中的动物,依次出场,学生带上动物的头饰,模仿书中的语言,展开表演。

联系生活法

绘本中有一些故事讲的就是儿童的日常生活,比如,如何讲卫生、如何感受爱、如何与人相处等,孩子在读绘本故事中学会生活,在生活中体会绘本故事内容,这也是绘本的高明之处:没有一句教条,却能满足孩子的成长需要;没有一丝说理,却能启发孩子的深入思考;没有一点儿喧闹,却能引起孩子会心地大笑。

《妈妈,买绿豆》这本书孩子们是真的喜欢。妈妈穿着宽大的裙子和孩子去杂货店买东西,孩子在妈妈买东西的同时,一定要买些绿豆,买完后高兴地提着一路回家。回家后不仅帮妈妈洗绿豆,玩玩具的时候还关注着浸泡的绿豆是否已经变大,在吃饭的过程中还时不时地瞟几眼煮绿豆的锅是否滚了,把糖罐拿给妈妈加糖,忍不住搬小凳子垫脚,想赶快喝到绿豆汤。发现掉了一颗绿豆是怎样做的?喝不完的绿豆汤怎么办?整本书中有许多生活中的智慧:夏天喝绿豆汤,绿豆先泡再煮,喝不完的绿豆汤可以做绿豆冰,绿豆还可以种出小豆芽。讲完这个故事,毫无例外,孩子们都回家让妈妈煮绿豆汤,并尝试做绿豆冰。看,孩子的心就是这么柔软,这本书甚至还引发了班级的种植热潮。

积累语言法

绘本语言简洁明了,有的介绍故事背景,有的叙述前后情节发展,有的描述人物的内心感受等等。根据表达的需要,文字描述也不一样,有直接叙述也有委婉动人的间接描写,有细腻也有豪放,有层层递进也有设置悬念。绘本语言形式的多样性,给儿童的语言学习提供了范本,利于他们积累多样化的语言。

比如《你是我最好的朋友》,小白鼠娜娜是这样给盲象末末描述颜色的:红色就像你生气时的怒火,红色还是一种非常温暖的颜色,就像樱桃和西红柿在太阳的照耀下,慢慢熟透了的样子。孩子们则如此描述:红色是喜庆的颜色,就像过年时家家门口贴的对联;红色是热烈的颜色,就像同学给我鼓掌的声音……试想,在这样的语言的熏陶下,孩子们的语言能不清新明快吗?

如何用好课堂评价语

◎ 乔峰玲

新课程呼唤充满生命活力的课堂，呼唤充满人文关怀的课堂。《语文课程标准》也指出，教师对学生日常的语文学习表现，应以鼓励、表扬等积极的评价为主，采用激励性的评语，尽量从正面加以引导，从而有效地促进学生的发展。教师对学生的评价形式是多种多样的，但最直接、最快捷、使用频率最高、对学生影响最大的莫过于课堂教学中的口头评价。课堂评价语是语文课堂教学的一部分，好的课堂评价语不但有利于激发学生学习语文的兴趣和表达的欲望，也会对学生的认知、思维、情感等形成有利的引导，促进学生和谐发展，使他们提高思想道德修养和审美情趣，逐步形成良好的个性和健全的人格。

如何用好课堂评价语呢？

一、评价有心，以情动人

动情才能动心。新课程理念要求教师要学会倾听。我们每次观课、议课的时候，几乎都会遇到不会倾听、不去倾听的老师。比如，学生读课文、读词语，明明读的有错误，老师还评价“你读得非常好”，让人啼笑皆非。我们也会看到这样的课堂：学生和老师在讨论同一个话题，但是师生之间却没有交流，你说你的，我评价我的，看起来非常尴尬。发生这样的事儿，可能有多方面的原因，比如教师知识上有欠缺，没有听清等。但不管什么原因，没有倾听，就没有真正的交流,更谈不上恰当的评价。只有听了,听到了,听明白了,才能做出有针对性的评价。

要求教师学会在课堂上倾听,表面上是要教师听清学生的每一次发言,了解学生的每一次学习活动,但倾听的内涵其实是一种教育理念。做到倾听,教师就要心里真有学生,要尊重学生、相信学生、关注学生,让他们发出自己的声音,表达出自己内心真实的感受;做到倾听,教师就要把课堂还给学生,让课堂成为学生学习的场所,让课堂成为学生学习的平台,让自己成为学生学习的助手;做到倾听,教师就要把自己看作和学生平等的一员,和学生"平等对话",全神贯注地聆听,只有听懂了学生才能及时做出回应,只有听懂了学生才能热情、全面地对每一位学生的学习表现加以评价。教师用心,学生才会动心;教师有情,学生才能被感染。当教师以自己的情感去激发学生的学习愿望,以自己的态度去引导学生的态度,以自己的智慧去碰撞学生的智慧,教师的课堂评价语才会变得丰富而有力量。

二、评价有方,因势利导

皮格马利翁效应告诉我们,老师的信念、成见和期望对学生产生的影响非常大。皮格马利翁效应有积极效应和消极效应两种,我们语文课堂上就要善于运用正面的评价语对学生进行引导,从而对学生产生积极的影响。我们想让学生在课堂上怎么样,便怎样去评价他们。如果我们想让学生细心观察、认真思考,就应该评价学生如何细心观察、如何认真思考。比如公开课上,许多老师一见到学生总喜欢这样说:"看到我们班的孩子眼睛明亮,说话也很有自信,你们真棒!我还听说咱们班的孩子最爱发言,是真的吗?"这样的课堂你后来基本都会看到,这些学生总比平常发言积极,因为在老师的评价语里就有一种导向和暗示,学生接受表扬其实也是接受了这种导向和暗示,在积极发言这方面格外努力。正面评价的作用非常大,善于运用正面评价会使我们的工作事半功倍。我们学校有个班在一年级的时候因为一些偶然因素换了好几个老师，这个班在学习成绩、纪律各方面都成了落后班级。到了三年级，没一个任课老师喜欢这个班。有一次，我去听一位年轻老师在这个班试课。课前看到班里纪律乱糟糟的，我这样表扬他们："老师看到我们班至少有 50 个孩子非常聪明，因为这些孩子眼睛明亮、坐姿端正，你们真棒！"教室里立刻安静了不少，我接着表扬："哎呀，老师数错了，是 71 个孩子都很聪明，只有 3 个孩子行动迟缓，看起来没那么聪明。不对，不对，是 74 个孩子都很聪明，耳聪目明！老师相信，你们不但聪明，还很有智慧，因为只有有智慧的人才会学习。"此时，教室里的躁动与喧哗已经消失得无影无踪。这位年轻的老师后来多次和我交流这件事："乔老师，你真会夸孩子啊！你看他们班那节课学习状态多好啊！"这其实就是利用了皮格马利翁效应，你对学生的期待是什么样的，学生就会成为什么样的。所以，我们要利用好评价语的导向作用，从各方面对学生进行正面、积极的评价。

我们要求学生做到的，不要强迫学生一下子就全部做到，这是不现实的。明白了这一点，才会明白学生的表现总有积极的一面，抓住这些积极的因素才能以积极的评价语去引导学生。比如在默读环节，我们常常看见有些学生在漫无目标地浏览，有些学生在语句间缓慢地逗留。但一定有学生默读品质相对好一些，找到这样的学生就可以及时评价引导其他学生："我看见某某同学真会默读，他不出声、不指读，拿着笔画出了自己不懂的地方，真是一个会读书的孩子！"这时候，你就会发现越来越多的学生知道默读应该怎么做了，这样的评价比老师一味地提要求效果好很多。

每个人都会犯错，尤其在课堂上，那就是不断尝试不断失败再不断尝试的地方，难免会经常出错。教师要看到这些错误其实是很好的教育教学资源，如果不加以利用，是非常可惜的。我们对学生学习中存在的问题负有引导的责任，既要肯定其积极的一面，也要让其明白错在哪里、差距在哪里。要充分利用评价语的导向功能，让学生在语文学习活动中能够提高语文能力、陶冶高雅情操、身心健康发展。

三、评价有度，言之有物

在课堂上对学生进行评价时，应把握一个“度”字。在评价时注重内容翔实，有根有据，不简单地说声“好”就了事，也不简单地以“对”或“错”来判断，而应恰如其分地给予褒奖，防止评价语言苍白乏力，或者言过其实。那么，怎样使评价语恰到好处呢？

（一）把握评价语的尺度

不要用同一把尺子衡量所有学生，针对不同层次的学生要采用不同标准的评价语。这就需要教师充分掌握各种可比性材料，如学生过去的有关情况（纵向可比）和学生在班级或更广范围内所处位置情况（横向可比），并艺术性地加以运用，进行有效的激励。比如一个经常不发言的学生突然眼睛发亮地举手了，教师不但要关注他的发言内容，还要关注他的学习状态，对其进行积极的评价和引导。对于一节课不停地举手发言的学生，我们看到许多老师会经常这样评价：“你真是一个善于思考的孩子，我们把这次发言的机会让给其他人好不好？”或者：“有的同学举手好快啊！能不能再思考得深入一些？”也有老师会对积极发言的孩子进行追问，引导他们思维更周密，思考问题更深刻，具有创新意识。

对于不同的学习内容，评价的尺度也应不一样。比如字词方面，拼读和书写要求可能就要严格一些，但是理解和运用就要宽泛一些。在朗读、习作、口语交际等方面更要承认学生的差异，多一把衡量的尺子。同一内容，在不同的年级段、不同的学生身上，评价的标准也要灵活。比如课外阅读，低年级的学生，有的已经能够进行浅显文字的阅读，有的只能看图画，有的对看书还没有兴趣，也有的已经有较多的识字量和阅读量。针对这些差异，评价既要针对全体，又要让每个学生都得到鼓励。

（二）把握评价语的温度

根据课堂的不同阶段，注意评价用语的“升温”。一堂课的起始和高潮，往往需要教师以其富有情感的语言纵情渲染,创设一种富有感染力的情境,不断地为课堂“升温”,从而使学生有永远向高一层次攀登,持久地参与学习的动力。王崧舟老师执教《爸爸的花儿落了》时,课堂起初一直在低沉平静的基调里徘徊,文本就在那样一个几乎让人喘不过气来的课堂氛围里迂回曲折地流淌,然而听过他执教《去年的树》一课的老师,都知道王老师不乏慷慨激昂的诗情,此番经营一定是欲扬先抑,这低沉和平静必然是山雨欲来风满楼的大酝酿。后来的事实证明王老师这节课确实如此。《爸爸的花儿落了》节选自林海音的《城南旧事》,这篇小说在作者散淡的目光里回顾童年,回忆父亲,文中满是插叙的故事,作者对父亲的思念波涛汹涌却又被时间酝酿得波澜不惊。王老师以插叙为线,引导学生剥离出一件件往事。几件事,娓娓道来,却又层层深入,王老师评价的语言逐渐地有力,评价的感情砝码在不断加重。在王老师层层递进的引领中,学生不但明白了这篇课文的结构安排,而且对插叙这种写作方法的作用感受颇深。王崧舟老师用他独有的语言和方式带领学生注视文本,让文本温热学生的感情,也让学生带着情感再次回归文本。在这节课上,王崧舟老师的课堂评价语和文本完美契合,引导课堂又和课堂融为一体,王老师可以说是非常善于调控评价语的温度的。

(三)把握评价语的维度

语文课堂评价语的内容可以涉及语文学习的各个方面,比如识字与写字、阅读、习作等。相应地就应该关注识字与写字、阅读、习作等的过程与方法。而语文学科的特殊性,又决定了语文学科必须承载提高学生思想道德、陶冶学生高雅情操、发展学生思维、健全学生人格的任务。所以,语文课堂评价语要和《语文课程标准》一致,从知识与能力、过程与方法、情感态度与价值观三个方面设计。《语文课程标准》明确的内容也就是课堂评价应关注的内容,《语文课程标准》提出的学科目标,也就是语文课堂评价的目标。所以,面对课堂上学生表现出来的学习状态,我们的评价其实就是我们的课堂关注。教师关注的范围就是评价的内容,教师评价的内容就是学生学习的方向。我们看优秀教师的课堂,他们的评价语总是从知识与能力、过程与方法、情感态度与价值观三个方面设计的，评价语内容丰富，精彩纷呈。我们听课的时候不能只被表面的精彩陶醉，更要明白这样设计的内涵是着眼于学生语文素养的整体提高。

比如：我们在指导学生朗读的时候，可以评价学生的读音、语气，也可以评价停顿、重音等技术层面的东西；可以评价学生的情感表达和价值取向，也可以评价学生的音量、音色、态度等。评价的侧重点要和课堂目标、课堂实际统一和谐，这样有利于学生成长。我们在带领学生识字、写字、习作、口语交际和开展综合性学习活动的时候，都可以从三维目标进行设计。

关注到三维目标，我们的课堂评价语就不会苍白空洞，也不会无的放矢。面对学生的每一次回答、每一个学习活动，教师的评价不能只局限于对与错，而应关注到学生的学习态度、学习方法、学习情感、学习意志等方面，通过教师的评价引导，让学生心中有目标，脚下有方向，心中有力量，从而使学生始终以积极的状态参与学习过程。

四、评价有趣，彰显魅力

充满魅力的语文课堂评价语除了应讲究及时性、准确性、针对性、全面性，还应讲究趣味性。语文课堂因为教学内容的不同、教师风格的不同，趣味也会不一样，童趣、雅趣、智趣、逗趣等不一而足。但机智幽默的评价语言，不仅能促进学生思维的敏捷和灵活，更能使课堂教学妙趣横生，充分调动学生学习的积极性。教师用富有幽默感的语言进行评价，往往能化平淡为神奇，产生无穷魅力，让课堂生动活泼，让学生觉得是一种享受，从而激发学生参与语文学习的兴趣。

当然，充满魅力的语言虽产生于即兴，却植根于深厚的教学功底、良好的口语素养和正确的教学理念。我们必须在实践中不断总结探索，不断提高自己的思想认识，更新自己的教育理念，丰富自己的阅读经历，努力提高口语素养，才能不断提高自己的课堂评价能力，进而提升自己的课堂魅力。

低年级识字教学方法的探索与实践

◎ 王　珣

人生聪明识字始。一个孩子在接受启蒙教育时识字数量的多少、质量的高低，对他今后的学习影响很大。所谓“万丈高楼平地起”，识字是阅读和写作的基础，低年级识字教学应从培养兴趣、选择方法、课外巩固三个方面具体实施。

一、培养兴趣

《语文课程标准》为识字教学指明了方向：“识字教学要将儿童熟识的语言因素作为主要材料，同时充分利用儿童的生活经验，引导学生利用课外各种机会主动识字，力求识用结合。”低年级识字教学的目标中提出要让学生“喜欢学习汉字，有主动识字的愿望”。因此，识字教学应当是起于快乐、终于智慧的。一年级的学生活泼好动，注意力不够稳定，不能持久，常常受到兴趣的影响和情绪的支配。但同时他们也处在兴趣的培养期和识字的黄金期，如果能让学生在一年级就拥有识字的兴趣，掌握识字的方法，会对他们以后的学习起到事半功倍的效果。

兴趣是最好的老师，找到孩子的兴趣点，一切就变得容易了。教育家卡罗琳说过：孩子们的工作就是游戏，在游戏中激发他们的思维，是他们最愿意接受的。因此在课堂上我最常用的方法就是做游戏，通常会做“摘果子”“吃桃子”“闯迷宫”“过小河”“爬山坡”等游戏。或是把一个个“生字宝宝”当成苹果、桃子等,谁会认就能摘走它,吃掉它;或是把“生字宝宝”当成拦路虎,只有认识它们、能打倒它们的“勇士”才能通关。

二、选择方法

作为教师,我们要授给学生以“渔”——教给学生识字方法,提高识字效率。低年级识字教学的具体方法有以下几种:

1.表演。在学习一些表示动作类的字时,如“跑”“跳”“抓”“伸”等,我会让学生做一些相应的动作,这满足了他们爱动的天性,为他们的识字过程增添乐趣。

2.猜字谜。如:“人在云上”,谜底是“会”字;“一人靠在树木旁”,谜底是“休”字。这样做无意中还开发了学生的智慧。现在很多学生都喜欢上了猜字谜,这还成了他们下课时做的游戏。

3.编顺口溜。读小学时,老师教写“嬴”字,亡、口、月、贝、凡,就是“嬴”。我的印象如此之深,这么多年过去了,依然记得,这个字也从未写错过。如今,我也用这个方法教会了我的学生认识了很多汉字。

4.观察比较。我常常会把一些相近的字放在一起,让学生自己观察,发现这些字的细微不同之处,和同学一起分享自己的发现。如:桃—跳—逃;堤—提;体—休;晴—睛;级—极;线—钱。最后再说一说用什么方法把它们区分开。

巧妙的教学方式解决了识字教学的枯燥无味的问题。通过转换学习角度,降低了识字难度,减轻了学生的负担。通过丰富多彩的识字方法,学生潜移默化地受到文字的熏陶,感受到学习汉字的乐趣,感受到祖国语言文字的无限魅力,也越来越喜欢汉字,并能逐渐养成自主识字的习惯,进而提高识字的能力,为以后的语言文字知识、能力的发展打下坚实的基础。

课堂上运用这些识字方法教学,学生学习生字的效率大大提高了,但同时新的问题也出现了:学生学得快,忘得也快,生字回生的现象屡屡出现。解决这些问题还需要运用好归类识字和随文识字。归类识字是在教学时，帮助学生进行适当的归类，举一反三，扩大识字范围，提高识字效果。如“蚯、蚓、蚂、蚁、蝴、蝶”等字都是形声字，都带有“虫”字旁，教学时，可以引导学生观察，从而发现这些字的共同点和不同点，使学生总结出“这些生字都带有‘虫’，都跟昆虫有关系”。同时进行拓展，让学生想一想还认识哪些带有“虫”的字，然后进行交流。这样把一些带有共同点的字进行归类，通过比较，提高了识字的效率。随文识字是在课堂教学中，采取放录音、范读、领读、指读、默读等多种形式，让学生多听、多看、多想，充分调动学生的多种感官，让学生的有意识识记与无意识识记相结合，从而掌握汉字的读写，也为课外识字积累材料，奠定基础。

三、课外巩固

识字过程的乐趣在更深层面上引发了学生对阅读的浓厚兴趣。为识字而开展的阅读活动，把生字的认识、巩固过程由课堂延伸到了课外，既减轻了教师的负担，又提升了学生的阅读兴趣。同时，阅读激发了学生识字的兴趣，拓展了识字的空间。学生在读书中识字，受到“奖励”，体会到了识字的快乐；多识字又促进了阅读，让阅读成为快乐的。这样就形成一种良性循环。由此可见，阅读给了学生识字的动力，而识字满足了学生阅读的要求，两者协调发展，相互促进，使学生在文字的天地中快乐成长。

遵循低年级学生记忆和遗忘的规律，我们要做好汉字的巩固识记工作。除了课堂上的巩固，课外巩固也有一条美妙的路。比如，网络中、招牌中、生活中……我们的周围文字与图画随处可见。校园就是一个识字的大舞台。校园是一个文化氛围非常浓厚的场所，老师可以带着学生走一走，看一看，各种标语、校风校训、宣传栏、地图……都是我们识字的资源。

抓住孩子爱做游戏的天性，让学生和家长一起做字卡，用字卡和同伴玩打字牌的游戏。如果轮到谁出牌，牌上的字他不认识，就算输了。为了防止学生总是做自己记得最熟的字,双方还要换字卡再玩一次。学生都想赢,因此课外识字特别有劲。另外还可以让学生收集各种包装盒,课间玩“盖房子”“堆城堡”的游戏,在玩中这些字反复和学生见面,学生轻轻松松就记住了很多汉字。

“课本无非是一个例子。”实施新课程其中一点就是如何开发课程资源,活用课本。课程是学生手中的教材,又远远超出了这本教材,它应该是一泓源源不断的活水。能巧妙地拓展利用课程资源可以体现出教师的语文教学素养和智慧。识字教学不单只在语文书的一篇课文里,或者是在一篇课文后要求认识的生字里。假如把课本看成语文教学的全部内容,那是有违“大语文”的观点的。所以在识字教学中,我先找准课本的突破口,将课文中的资源拓展开来;然后根据课文的特点,创造性地使用课本。我根据每一篇课文的内容风格和特点,寻找选择与课文相关的富有时代气息又贴近儿童生活的儿歌、诗歌、故事、童话等,让这些补充的资源能有效地在课堂的教学中运用起来,使课堂鲜活起来,让学生能将课内与课外的知识相整合,为以后的学习打下更坚实的基础。在巩固识字后,充分利用网络环境下的优势,让学生在网络上自主阅读与本课相关的文章。这些文章都是学生感兴趣的,并带有拼音、注释,有插图,方便学生阅读的电子文本,有些还做成配有文字的动画、歌曲。这样不仅可以大大拓宽学生的阅读层面,对教材进行了适度、适量的超越,还有效地将学生的学习认识从“字—词—句”上升到了“段—篇”。学生在阅读文章时,巩固了所学生字,积累了语言,丰富了知识。

我们通常还会抽时间交流课外读物。在读《木偶奇遇记》时,我总是提前告诉学生这周我们读第几章,请他们预习,到识字课时我会提出一些要求,如:学生读一句,我读一句;或者学生以开火车的形式和我分句读;或者学生读一段,我读一段。有时我也会请班上识字较早的学生为大家朗读一段,然后一起来评价。在阅读活动中,我们还开展“看谁先会读”的竞赛,当一名学生读完后,我们会把最热烈的掌声和可爱的小星星送给他。一时间,班上的读书声此起彼伏,字典也成了“随身密友”。学生被精彩的故事情节吸引住了,而识字也成了故事给予他们的礼物。一段、两段……渐渐地,学生认识的生字越来越多了，阅读的兴趣也越来越浓了。当然，我也会不断地送给他们新的礼物——一个新的故事的开头。

只有学生的识字量积累到一定的程度，他们才能进入阅读。随着学生认识的字越来越多，慢慢地儿歌会念了，小故事会讲了，童话故事会读了。阅读的乐趣在很大程度上促使学生将识字这一艰苦的过程坚持到底。

返璞归真谈作文

◎ 王雅琪

作文,是小学阶段必不可少的功课之一,是小学语文教学的重要组成部分,也是全面提高学生素质的一把利剑。当下,大多数语文教师,在指导学生进行写作时,一般都强调思维模式的重要性,所以要求学生大量地背诵范文、套用模式,并且希望学生能够通过模仿快速地提高自己的写作水平。在目前这种素质教育与应试教育相结合的教育背景下,这样的训练方式的确帮助学生在考试中提高了不少分数,很有效率,但是,这样能真正提高学生的作文水平吗?毫无疑问,这是不能的。因为这样的模式完全忽略了学生的主体地位,没有开发学生的观察力,没有真正开拓学生的思维。学生只有在生活中获取灵感,才能做到思如泉涌、笔底生花。但是当前的小学生作文大多是辞藻浮夸,内容空泛,找不到中心,反而更趋向于"成人化",文字里缺乏他们这个年龄段本应该有的天真和烂漫。

早年非常火爆的刊物《萌芽》就"成就"了好多辞藻华丽、内容空泛的文章。乍一看,文章词句优美,段落工整;仔细看,文章更多的是无病呻吟。病态的作文风气充斥着校园,学生都以模仿此华丽绵软文风为荣,似乎不用华丽的辞藻就文不成文,却恰恰忽视了作文最核心的部分——真实。只有真情实感才能写出好文章,哪怕是一句话、一段话,只要是能够表达出孩子最真实的情感,哪怕是寥寥几句也可以成为好文章。

小学阶段的写作是从"写话"变为"习作"。也就是说,"写话"是学生写作文的基础。而写话的基础是说话,如何去说话则是我们应该关注的问题之一,“说实话”是重中之重。但是目前从学生作文的整体情况来看,说假话、说空话的现象极其严重,说的和写的完全脱节。说的时候很生活化,有话可说,写的时候辞藻华丽,空话连篇,就是没有自己的东西。低年级学生在这方面表现得并不明显,因为低年级学生还没有接受写作格式的训练,自然而然地就敢于说真话,写真话,虽然词语白话,幼稚但是贵在真实,这就是为何一、二年级的学生能写出诸如“天上挂着吃了一半的烧饼,让我看着看着就听见肚子咕噜咕噜的叫声,真想张开嘴巴咬一口”这样天真可爱的句子,孩子们觉得写话是好玩,随便想,心里怎么想的就怎么写。而到了三年级好多孩子就写不出来那么天真的句子了,千篇一律都变成了“天上挂着一轮圆月,像洁白无瑕的玉盘”,并不是说这样的句子不好,只是缺少了那么点儿童真、那么点儿童趣,通篇都像是通过复制、粘贴完成的,毫无趣味可言。试想,一个班级三分之二的孩子都是写的一样的句子,老师哪里还有看下去的欲望?每个孩子写的都是这样的文章,没有丝毫的新意,没有任何吸引力,像极了流水线作业。假若我们能够在小学低年级就培养学生的观察力,让学生观察生活中的点点滴滴,看到什么想什么,想到什么说什么,想到什么写什么,而不是一味地去背诵、去套格式,那么我相信,小学生写作水平必定是另一番景象!

叶圣陶先生曾说:“生活充实,才会表白出、抒发出真实的深厚的情思来。”其实,人们在生活和工作中随时需要写作,比如写信、写报告、写总结,诸如此类,不正是各行各业的人经常要做的事吗?写作与生活两者之间是相互依存、相互影响、密不可分的,生活需要写作,文章来源于生活。因此,教师在作文教学时必须要教会学生学会从生活中取材,一次愉快的旅行、一场温馨的家庭聚会、一个美好的童年回忆……这些都是学生从生活中能够轻松找到的素材。发现生活中的美,将平常生活中的素材放在眼中,记在心里,用心观察,用心记录,在写作的时候它们就能够清晰地出现在脑海中。我们还要引导学生善于抓住生活中的点滴并且进行积累,把这些素材随时总结记录下来,久而久之,素材本便成为自己写作的资源库,需要时随时取用。不仅生活素材可以积累,语言文字同样可以积累,看书就是积累语言的最好的途径之一,摘抄也不失为一种好方法。我们在引导学生将自己的日常生活与文字结合起来,再以书面的形式呈现在作文本上的同时,还要鼓励孩子们作文要真正做到求真、求实,这样写出来的作文不仅内容丰富,而且有真情实感、充满乐趣,从根源处解决了一拿笔就是假大空,一张口就是范文背诵这样的作文难题,让作文真正做到返璞归真。

让我们帮助学生扬起写作这张帆,让学生在语文这片辽阔的海洋中行驶得更远、更稳!

漫谈利用绘本指导小学生写话

◎ 赵利霞

绘本作为一种图文结合的书目,是最适合儿童阅读的材料之一。它对于低年级学生阅读兴趣的培养、阅读能力及写话能力的发展都具有重要作用。在语文教学实践中,我发现绘本是一种很好的阅读拓展形式。结合语文教学实践,我认为在绘本阅读教学中,教师可以带领学生通过以下五种形式的训练,实现轻松写话的目的。

一、补充画中"话"——扩写

优秀的作品常常会给我们留下许多想象的空间,绘本更是如此。它的魅力不只在文字上,更在于图画的有限空间内蕴含着无限的想象。用心去读,你会发现画面的背后、文字的背后,还有许多值得我们咀嚼的内容。比如绘本《爱心树》在结尾的画面上出现了"坐下了"三个字,这简单的三个字岂能完全表达此时男孩的内心世界?这个地方就是空白。你看画面上——此时的男孩已经白发苍苍,一身疲惫,此时的男孩就坐在这棵原本挺拔的老树留下的树墩上。他也许是在回忆,也许是在倾诉……此处教师就可以问:"男孩也许在回忆,他会回忆什么呢?男孩也许在向大树倾诉,他会倾诉什么呢?男孩也许在……"给学生充分的思考时间,学生就可以充分发挥想象。再比如绘本《三只猪》里,当三只小猪坐着那架纸飞机飞起来的时候,大卫·威斯纳使用了大面积的留白,甚至还使用了整张的空白页。如果把这四页连成一个画面,就可以看出三只小猪在天上飞过了怎样长长的一段开心而又刺激的距离了！我们领学生在此处展开想象,练习表达,是多么有趣的事啊！

其实,许多绘本在语言的叙述或情节的设置上,都是呈开放性的,都留下了类似的“空白”。这些“空白”召唤着学生去想象,去创造。在绘本教学中,创造性地运用这些空白点引领学生进行写话训练,他们会享受到意想不到的乐趣。

二、运用文中话——仿写

绘本《我爸爸》中的语言是这样的:“这是我爸爸,他真的很棒！我爸爸什么都不怕,连坏蛋大野狼都不怕。他可以从月亮上跳过去,还会走高空绳索(不会掉下去)。他敢跟大力士摔跤。在运动会的比赛中,他轻轻松松就跑了第一名。我爸爸真的很棒！我爸爸吃得像马一样多,游得像鱼一样快。他像大猩猩一样强壮,也像河马一样快乐。我爸爸真的很棒！……”

这个绘本运用了反复的结构和比喻等修辞手法写出了自己眼中的爸爸。欣赏过绘本之后,在练笔中让学生用相同的句式写自己对爸爸最真切的感受,使他们不仅会掌握句式的运用,而且能加深对文本的理解。

许多绘本都有简练生动的语言与精致优美的绘画紧密搭配的特点,其中重复的结构、简单有趣的语言是学生仿写的好媒介。仿写可以从一句话开始,逐渐扩展为一个情节,甚至可以仿写整个故事。

三、重拾结尾处——续写

许多绘本都有这样一个特点:故事的结尾又是一个新故事的开始。如绘本《鸭子骑车记》后环衬处一只鸭子站在一辆红色的拖拉机前,除此之外,全是空白。教师就可以引导学生:面对红色的拖拉机鸭子又会怎么挑战自己呢?

请把你想到的故事用文字续写下来。再如《大脚丫跳芭蕾》中，贝琳达来到了大都会剧院跳舞，昔日一直批评她大脚的评审委员们又会怎么说呢？此时可以让学生发挥想象，续写故事。《鳄鱼在我床下》《要是你给老鼠吃饼干》等都有这样的特点，我们都可以让学生接着往下续写。

四、灵动的创作——编写

无字书在培养学生的想象力、观察力和思考能力等方面有着独特的功能。什么是无字书呢？顾名思义它是纯粹用图画来讲述故事或者主题的书。高质量的无字书，图画就能说明一切。没有了文字的限制，对书的解读就有了无限可能性。学生开动脑筋，可以将它们写成一本本形形色色的有字书。像这样的书有《雪人》《7号梦工厂》《流浪狗之歌》等。

当然，不光无字书可以用作学生编写故事的素材，许多绘本都可以。我们可以去掉文字，让学生读图，然后把故事写下来；还可以讲一半，留一半给学生自己看图编写故事。像绘本《爷爷一定有办法》表现了两个不同的时空：一个时空是陆地上的约瑟一家，另一个时空则是住在地板下的小老鼠一家。讲完了约瑟一家的故事，我们可以让学生自己看图编写小老鼠和碎布料之间的故事。

五、变式训练——实用又有趣

除常用的扩写、仿写、续写、编写等方式，绘本作文教学还可以尝试以下多种形式的训练：

1.学写应用文。如《我会回家过圣诞节》是一个关于友谊的故事，能让人在寒冷中读到春天的温暖。读着这本书，学生会朦胧地感受到友谊的伟大。这本书在鼓励学生与朋友增进友谊的同时，让学生学着绘本中主人公给自己的伙伴写一张明信片或一封信。在整个阅读与习作的过程，学生都会被浓浓的友情包围。

2.学写解说词、颁奖词。如《苍蝇和大象的足球赛》是一本想象力非常丰富的绘本，书中对那场球赛的描写使人有身临其境之感。读完绘本，可让学生选择以下内容完成：(1)做一张足球赛海报。(2)假如你是体育频道的特派记者，准备怎样向观众们解说这场特殊的球赛呢？请写一份解说词。(3)比赛结束后，你准备给苍蝇和大象各颁什么奖？请你为它们各写一份颁奖词。

3.创作小绘本。如《火车老鼠》通过阅读老鼠传奇般的冒险故事，让学生想象：假如你独自坐火车，会发生怎样有趣或者离奇的故事？在教学中可以让学生通过小组合作既画又写，创作自己的绘本。这样给予学生充分自主的空间，在创编过程中，学生就会尽情地畅想、描绘属于自己的传奇经历。

六、几点教学建议

1.要读透绘本。走进图文并茂的绘本，我们不能以欣赏故事为唯一目的。作为语文老师，我们更要善于挖掘其有价值的语言训练点，这正是让学生发挥想象，大胆表达的教学点。如《巴特恩的裁缝梦》中，小狗巴特恩是怎样学玛德琳小姐做猫咪服的？让学生看图将巴特恩缝制猫咪服的过程描述出来，鼓励用上“先……接着……然后……最后……”等连接词，这样的绘本阅读更有助于表达训练目标的达成。

2.迁移要合理。绘本写话教学的重点应放在读后的表达训练上，这是学生进行语言再创造的过程。在表达方式和写作方式的迁移教学中，教师需要关注学生的语言是否规范，表述是否恰当。如读绘本《我妈妈》后让学生用比喻句写写自己的妈妈，对于二年级的学生来说，掌握这样的句式并不难，但学生在说比喻句时就可能出现比喻不恰当的现象，这就要求我们在指导学生仿写比喻句的时候要关注喻体是否精准。

在借助绘本练习表达的指导过程中，教师要根据学生基础、表达训练需要选择适合的绘本内容，要适当地挖掘绘本潜在的写话素材，并进行到位的指导。这样的绘本教学必会成为提高学生表达能力的有效途径。

人教版小学语文古诗词教学研究

◎ 张　莉

一、众里寻他千百度——课标篇

2011 版的《语文课程标准》让我们深刻地感受到了课程标准在两个方向上的调整:回归文学,回归古典。2011 年修订后的《语文课程标准》中附录的优秀古诗文推荐篇目,一至六年级由原来的 70 篇,增加至 75 篇;七至九年级由原来的 50 篇,增加至 61 篇。推荐总篇目由原来的 120 篇(段)增加至 136 篇(段),而在总目标中明确提出"背诵优秀诗文 240 篇(段)"。从课标对古诗文教学要求的变化,显而易见古诗词教学地位之重。

《语文课程标准》对每个学段的古诗词教学都提出了不同的目标要求。从整体上看,古诗词学习的要求越来越高。第一学段注重初步的古诗词情感培养,无具体内容的要求;第二学段不仅注重情感培养,而且要领悟内容;第三学段要求进一步具体,通过节奏、声调等把握情感和内容。小学六年的积累为第四学段学习现代诗歌和浅易文言文打下坚实的基础。体现了语文课程的整体性和阶段性,各个阶段互相联系,螺旋上升,最终全面达成总目标。

二、无边光景一时新——教材篇

（一）教材编写体例及内容结构

人教版小学语文教材在不同学段、不同年级安排了不同的古诗词内容，其中，古诗词68首，古诗名句50句。这68首古诗词、50句古诗名句在三个学段六个年级分别有着构思精巧的编排体例。

这些古诗词呈现的方式十分丰富。一是采用单个古诗直接呈现的方式，二是以古诗两首或古诗词三首的组合方式呈现，三是以综合性学习和专题方式呈现，四是以语文园地中的积累或诵读与欣赏方式呈现，五是出现在阅读课文的引用中。

（二）教材编写特点

人教版小学语文教材以分散的形式按不同学段将古诗词分别选到各册教材之中，教材的精心编排反映出以下的特点：

1.选编的古诗词跨越年代久。

选编入人教版小学语文教材的古诗词，几乎跨越了所有朝代，远至最早的诗歌总集《诗经》，到唐代李白的《赠汪伦》，再到宋代王安石的《泊船瓜洲》、清朝龚自珍的《己亥杂诗》，时间跨度上下两千多年。

2.选编的古诗词体裁丰富。

在现行人教版小学语文教材所呈现的古诗词中，有活泼通俗如童谣的蒙学诗，有古诗体，有近诗体，有汉乐府，有词，甚至有曲，体裁丰富，并且内容健康向上，易于学生接受。

3.选编的古诗词题材多样。

小学古诗词题材丰富多样。人教版教材中选编的内容几乎包括了哲理诗、山水田园诗、送别诗、咏物诗、童年趣事诗、思乡怀人诗等所有的诗歌题材形式。

4.选编的诗歌层次科学。

人教版小学语文教材编排的古诗词层次十分科学。不同学段学生的年龄特点和认知水平不同,编排的古诗词难易程度也有所不同。

像《画》和《草》等古诗,语言浅显,适合第一学段学生学习;像《题西林壁》和《送元二使安西》等古诗,富于想象,适合第二学段学生学习;像《石灰吟》和《竹石》等古诗,含义深刻,适合第三学段学生学习。

(三)知识与技能的立体式整合

古诗词作为教材的一部分,与组成教材的其他部分内容有着密不可分的联系,此联系可视为横向关联。

例如三年级下册第八组中,古诗两首《乞巧》和《嫦娥》作为开篇课文与《西门豹》《女娲补天》《夸父追日》和"语文园地八",共同组成了"神话故事"这个单元专题。

教材所选古诗词与所在单元主题思想相一致,在内容方面与其他课文紧密相连,相互补充,共同组成一组课文。

综观人教版小学语文一至六年级的教材,每册教材中古诗词的课后练习要求逐步提高,从而反映在古诗词学习中对学生技能的培养也是逐渐提高与完善的,此联系可视为纵向关联。

第一学段,课后习题的设置主要以"读背"为主,注重识字教学和古诗词的情感培养;第二学段,课后习题的设置增加了"默写"和"说说诗意",在前一学段背诵的基础上增加了理解意思的训练;第三学段,课后习题的设置增加了"体会""借工具书释义"和"赏析"的内容,在前两个学段的基础上,增加了对学生表达能力的培养。

另外,同一主题的古诗词在不同学段教材中多次呈现,更加丰富学生的积累和感悟。例如,关于春天主题的古诗在不同学段呈现的有《春晓》《草》《忆江南》《春日》《咏柳》《村居》等。

从以上分析可以看出,人教版小学语文教材在古诗词的横向关联和纵向关联方面是相互交叉、立体整合的。

三、添得黄鹂四五声——建议篇

（一）教学建议

《语文课程标准》建议："有些诗文应要求学生诵读，以利于丰富积累、增强体验，培养语感。"

古诗词教学要关注其文体特征，古诗词具有节奏美、韵律美、凝练美等特点，在教学中，抓住其文本特征可以进行以下尝试：

1.像艺术家一样投入，读出诗的氛围。

"三分诗七分吟"，无论哪个学段的古诗词教学都要以读为主，读是整体综合感受古诗词、鉴赏古诗词、体会意境情感的第一步。

2.像歌唱家一样热情，唱出诗的韵味。

古诗的形式极为工整，采用对仗、对偶等方式，极具美感，我们可以把古诗唱出来，吸引学生学习的兴趣，增强学生的求知欲望。

3.像画家一样专注，画出诗的意境。

在古诗词教学中，我让学生放飞想象，用手中的画笔，像画家一样专注，画出诗的意境。

4.像作家一样细腻，写出诗的个性。

古诗词内涵隽永，意味深长，了解古诗词的写作背景及相关的故事，学生可以获得取之不尽的写作素材。

5.像思想家一样思考，悟出诗的内涵。

文有"文眼"，诗有"诗眼"。教学时，我们要引导学生抓住这些"诗眼"，认真推敲，咀嚼欣赏，体味语言的精练与准确。

总之，在古诗词教学中，我们要少进行一些支离破碎的分析，让学生多获得一些整体感知，从而在诵读、吟唱、想象、感悟、思考中体会到古诗词的艺术魅力，提高文学鉴赏能力、理解与运用能力。

（二）评价建议

《语文课程标准》关于古诗词阅读评价有这样的建议："评价学生阅读古代诗词和浅易文言文，重点考查学生的记诵积累。"评价是为了更好地激励，对古诗词的评价更注重兴趣的激发，积累量的攀升。

1.评价主体多维化。

在教师为评价主体的基础上，指导学生自评、互评、小组评。由于古诗词的学习常常在课余进行，还可邀请家长参与其中，使评价成为教师、学生、家长共同交互的活动。

2.评价形式多样化。

在对古诗词的评价形式上，我除了采用常规的解释、背诵、默写的形式评价，还采用朗诵、猜谜、赛诗会等学生喜闻乐见的形式评价，多样化的评价方式学生更喜欢。

3.评价过程动态化。

在对古诗词的评价上，不仅关注学生会背多少古诗词，更应注重学生发展的过程。古诗词素养的提高是建立在存量基础之上的，是循序渐进的过程，因此，更应该注重平时的、过程的评价。"背诗夺红旗""背诵小能手""背诗冠军赛"等一系列的背诵活动，使学生对古诗词的积累有了动态化的过程。

有诗浸润的空气是芳香的，有诗滋养的童年是精彩的，有诗陪伴的人生是幸福的，有诗传承的民族是强大的。愿我们每人都有幸福的人生，愿我们的民族生生不息。

低年级群文阅读课内外结合的策略研究

◎ 谢伟伟

2011 版的《语文课程标准》对学生的语言文字运用能力提出了更高的要求,也给当今语文教育教学的发展提出了新的要求。课标中规定,第一学段的学生课外阅读总量分别不少于 5 万字。如果我们的语文教学还整天抓住一本单薄的教科书进行讲授,哪怕把课本翻烂了,学生的阅读量还是远远不够的。尤其是低年级的孩子,一本语文书已经满足不了学生的阅读需求。开学一两周的时间,大部分学生就已经把语文书翻阅了一遍,如果我们把一个学期的时间都花费在这本语文书上,那么,语文课将是无趣的、枯燥的、让相当一部分学生“吃不饱”的。传统的、单一的文本教学不再是课堂的主宰,重单篇文章的阅读,轻整本书和多文本的阅读将成为一个过去式。群文阅读教学打破了传统的单一文本教学模式,学生在一节课中读三四篇文章,增加了学生的阅读量和识字量,扩大了学生的阅读视野,为学生语文素养的发展奠定了基础。

群文阅读可以分为课内群文阅读、课内外结合的群文阅读和课外群文阅读。这里所说的课内群文阅读,其阅读文本均来自现行的语文教科书,出于某种教学目的,把一些课文放在一起进行教学。这些课文可以是一个单元的,也可以不是一个单元的;可以是同年级教材里的篇目,也可以是对跨年级的教材进行组合。课内外结合的群文阅读,其阅读文本既有课本内的,也有课本之外的。课外群文阅读的阅读文本则全部选自课本之外。我们所要探讨的课内外结合的群文阅读,就是指阅读文本为课本内容(即课文)与课本外文本的结合。

一、群文阅读教学中需要把握的几个方面

（一）课外阅读课内化

课内外结合的群文阅读和课内群文阅读不同，和课外群文阅读也有所不同。课内群文阅读是为了某个教学目标，对教材中的部分课文的讲授顺序按照需要进行重新编排。课外群文阅读则完全不考虑语文教材中的课文，而选择教材外的文章，教学目标可以由教师自己设置。我们所研究的低年级课内外结合的群文阅读的定位是，为语文教材补充素材，提高课内教学目标达成度，也就是说，所选的课外阅读的材料是服务于课内阅读的。所以，教学目标的制定是以语文课本为主导的。为了更好地完成教学目标，我们进行课外选文，作为课内阅读的材料，补充教学所需。

（二）课内外关联点的把握

群文阅读的文本群组方式本身就强调了文本之间的关联性要强，在课内外结合的课型中，更应该突出课内阅读和课外阅读之间的关联性，也就是要找好课内外关联点。高年级的群文议题比较广泛，可能是文章结构形式，也可能是多角度了解作者及背景，或者是多侧面理解人物等。低年级的关联点相对于高年级来说比较单一，一般是基础知识、基本能力、内容相关。如教学《一去二三里》这首诗时，补充文本《咏雪》，学生不但了解了数字诗的形式，感受了读数字诗的乐趣，并且产生了读诗甚至作诗的兴趣。把怎样的文章放在一起，如何放在一起都是备群文课的关键所在。

（三）体现学段特点

学段不同，议题的选择也不同，课外阅读的内容、数量、形式、要求也不能一概而论。依据学生的知识基础、心理特点，各个年级所选择的群文阅读主题侧重点应该有所不同。低学段以“人文内涵”“文章内容”为主题的群文阅读可安排得多些，课外阅读推荐以配图儿歌、浅显易懂的古诗、绘本为主。

二、课内外结合群文阅读的类型

根据不同的教学目标，低年级课内外结合的群文阅读主要有以下几种类型：

（一）发现积累型

“群”是群文阅读的典型外部特征，把具有相同形式特征的文章组成一个“群”是常见的群文阅读的组文方式。

在教学人教版一年级上册《比尾巴》时，我们在备课时发现，全文以对话的形式，通过三问三答介绍了6种动物尾巴的特点。整篇文章句式整齐，内容简单明了，并且富有韵律，读起来朗朗上口。这样的课文在理解上毫无困难，且学生喜欢读，但是，一篇课文不足以让学生了解问答式儿歌，所以，我们以这篇课文为一个连接点，又为学生提供了《什么虫儿空中飞》《谁会》《谁的耳朵》《轮子歌》几篇问答式儿歌，从而进行了一节群文阅读课。通过朗读，在老师的引导下，学生发现问答式儿歌的特点，并进行问答式儿歌的创编。这项活动极大地调动了学生诵读问答式儿歌的热情。我们在设计这节课时，担心这么多内容学生能不能接受，后来的课堂告诉我们，学生喜欢这样的多文本阅读课。整节课，大部分学生的思维活跃，能积极参加到读背、创编儿歌的活动中，尤其是课尾的创编环节，学生给了我们太多的惊喜。我想，这就是群文教学的魅力，如果长期坚持，学生不仅仅阅读能力会得到提高，思维分析能力也会得到进一步提升。

在教学人教版一年级上册《画》时，我们也采用群文阅读的方式。《画》这首诗许多学生在学前就已经会背诵了，我们课堂上如果还是读这一首诗，学生们肯定会“吃不饱”，或者是觉得无趣。《画》是一首谜语诗，对仗工整，读起来朗朗上口，妙趣横生。我们又为学生送上了《风》《铜壶诗》《春雁》几首谜语诗，读读看看猜猜，学生兴趣盎然，产生了学习这类古诗的强烈欲望。

立足于课本，放眼于课外，调动学生阅读热情，扩大学生阅读量，引导学生感受语言的优美，丰富学生语言积累，为学生的终生发展奠基，这是发现积累型群文教学的意义。

（二）拓展型

拓展型群文阅读指以增加学生阅读量、拓宽学生阅读视野为目的而进行的群文阅读。如人教版二年级上册第一组是关于秋天的课文，老师带领学生阅读《秋天的原野》《金色的小船》《秋姑娘的集合哨》《画秋》等课外素材，在丰富学生感性体验的过程中，实现文本拓展。久而久之，便可达成课标提出的课外阅读数量指标。这是低年级开展群文阅读初期老师经常使用的方法。

（三）理解型

理解就是让学生了解、认识。在教学《小蝌蚪找妈妈》时，我们不难发现，这是一篇反复结构的童话故事，这种反复结构的童话故事也是学生喜闻乐见的一种阅读材料。为了让学生了解、认识这种结构的童话故事，补充绘本故事《鼠小弟的背心》《爷爷一定有办法》，这种类型的儿童文学采用多文本教学的形式进行，比单篇文本的教学更让学生一目了然，能达到意会的效果。

课内外结合的群文阅读打破了传统的阅读教学模式，改变了传统的课堂阅读的教学方式。通过探索课内阅读与课外阅读结合的有效途径，构建大阅读圈，从而加重课外阅读在阅读教学中的分量，形成以课堂阅读为基点，在课外阅读中形成和巩固阅读技能的阅读教学格局，改变了教师的教学习惯，提高了学生的阅读兴趣，促进了学生语文素养的全面提高。

三、存在的不足与困惑

目前，我们的课例都是把选文放在课堂上进行阅读教学的，教学模式太单一。对于选文的阅读可以放在课堂中进行，也就是课中阅读；当所学课文或者选文篇幅比较长时，选文的阅读也可以放在预习时进行，然后在课堂上就某些问题展开讨论，也就是前置阅读；根据需要，有些选文也可以放在课后进行，也就是课后阅读。

我们在实践过程中发现,老师们在选文时,会花费大量的精力去寻找适合与课文一起进行群文阅读的文章,另外,有些老师对课内外阅读的关联点把握不准,教学目标含糊不清,造成阅读课上只是形式上的群文阅读,为了群文阅读而群文阅读,只是一节课多看了几篇文章而已。把这些文章放在一起阅读的目的是什么,我们为什么要将这些文章进行群文教学,老师们比较茫然。“低年级群文阅读课内外结合”还需要深入地研究与探讨。

今后,我们还将在“低年级群文阅读课内外结合的策略”这个课题的研究基础上,进一步探讨群文阅读的其他领域,如“课外群文阅读策略”,对学生的课外阅读进行有效的指导、反馈、评价等。

总之,我们将不断探索阅读教学的方式方法,努力提高学生的阅读能力,发展学生思维,促进学生的读写能力。